# 本心は顔より声に出る

感情表出と日本人

重野 純

新曜社

# まえがき

人はいつも思っていることをそのまま口に出すわけではない。特に日本では本心とは裏腹な言葉を使用して本当の気持ちを隠すことが多く、欧米人には特異な行動に受け取られるようである。裏腹な言葉を使用する目的にはいろいろなことが考えられるが、一つには相手とうまく付き合っていきたい、良好な関係を築き維持したいと思い、そのためには相手に不快な思いをさせたくない、というような気遣いや思い遣りの気持ちがあることが考えられる。また、互いに気まずい思いをしたり自分自身も不快な思いをしたりしたくない、という気持ちがはたらいていることも考えられる。話し相手に向かって、時と場合に応じてお世辞や社交辞令を言うことは昔からよく行われてきたことだが、最近はそうすることがいわばルール化されてしまって日常的に繰り返されるようになったかの如くに見受けられる。

私が音声による感情表現に興味をもって感情認知の研究を始めるようになったのは、1990年代の中頃からである。それまでは音声の知覚や認知について研究していた。話し言葉における文脈効果、例えば、ある言葉を聞いたとき、その言葉が置かれている前後の文脈によって、同じ言葉がどのように異なって聞かれるのかなどについての実験を行っていた。なお、本書の第2章でも、感情認知における文脈効果について少し触れている。

一般に、感情認知の研究では表情を取り上げることが多いが、日本には昔から音を楽しむ文化があり、感情をあらわに表に出さず、周りに気を配って「空気を読む」などの日本独特と言われるコミュニケーション行動の特徴がある。これはストレートに感情表現をすると言われている欧米諸国の人々とは対照的な行動様式である。このようなことから、音声のみを用いた場合や表情と音声の両方を用いて感情を認知する場合について、特に日本人と欧米人の間での比較研究をすることを考えた。なかでも私が特に興味をもったのは、音声で表出された感情や振りをした場合（つまり、本当の感情をごまかした場合）の感情表出と感情認知の関係についてであった。最初は表情と感情音声の間の振りについて研究したが、日本人の偽った感情のメカニズムを検討するには、表情と音声の間の矛盾した関係と同じかそれ以上に、言葉と音声の間の矛盾した関係について研究することが重要ではないかと考えるようになった。そこで、言葉の意味が本来もっている文字通りの感情（本書では「言葉の感情」と呼んでいる）と音声に表出された感情である「音声の感情」の間の矛盾について、日本と欧米の文化間の比較を中心にして実験による検討を行った。

本書は感情認知についてこれまで行ったいろいろな研究の中から、話し手の本当の感情（本心）のごまかし方は顔でするのか声でするのか、あるいは言葉でするのかについての研究を中心に書いたものである。さらに、思っていることをそのまま口に出さずに感情を取り繕うのは日本人によくみられる行動であるから、欧米人の場合と比較することにより、日本人の特異な感情認知行動を実験的に明らかにすることができるのではないかと考えて行った研究の一部も紹介している。なお、本書では「日本人」を日本語母語者（母語つまり生後初めて獲得した第一言語が日本語である日本語母語話者）の意味で使用している。

本書は感情認知についての学術的な内容を、より広く専門外の方々にも読んでいただけるように書いた本である。そのため、一つ一つの結果についての統計データは記載せず、表現方法を簡略化してある。また、図表についても統計値が分かるような表示方法はしていない。その代わり、どの研究についても文献を紹介してあり、それらを参照すれば容易に科学的根拠についての情報にたどり着けるようにしてある。また、本書では取り上げなかったが、感情認知についての実験結果をもとにして「感情認知のプロセスモデル」を考え、どのような仕組みで感情の取り繕いやその認知が行われるかについての説明を試みたが、これについては Shigeno (2018) The effects of the literal meaning of emotional phrases on the identification of vocal emotions. *Journal of Psycholinguistic Research*, *47*(1), 195-213. の論文の中で詳細に記述してあるので、興味のある方は参照していただければ幸いである。また、本書では隠された本心にどのように対処すれば良いのかを直接示すようなことは書いていないが、それぞれの人がそれぞれのやり方で対応できる解決策を自ら考え出せるように、ヒントになる研究を紹介したつもりである。

最後に、本書を出版する機会を与えてくださり、完成まで多大なご尽力をいただいた新曜社の塩浦暲氏に深く感謝申し上げる。

２０２０年８月

重野　純

# 目次

装幀＝新曜社デザイン室

# 第1章 感情の表出と認知

「ちょっと悪いけど、今日、残業してくれる？」

「はい、わかりました。」

これはオフィスで日常的によく耳にする上司と部下の会話だが、このとき二人は、本当はどう思っているのだろうか。上司は本当に「部下に悪い」と思っているのだろうか？部下は本当に「わかっている」のだろうか？

上司はすまなそうな顔をして「悪いけど」と言いながらも、その本心は、「君は仕事が遅いのだから、残業するのは仕方がない」と思っているかもしれない。一方、部下も部下で愛想よく「わかりました」と言いながらも、心の中では、「えっ、また残業なの？　なんでいつも自分ばかりに押し付けるんだろう？」と不満に思っているかもしれない。このときの部下の心中は決して穏やかではなく、ましてやデートの約束などがあろうものなら、なおさら不満が募るだろう。

このような場合、互いの思いのずれは、ちょっとしたことで気づくことができるかもしれない。声の調子にもう少し注意を向けてみればよいのである。というのも、本心は顔よりも声に表れやすく、特に日本人[1]は、欧米諸国の人と比べると話し手の感情を理解するのに声の感情を重視し、より敏感に聞き取っていると考えられるからである。上司から残業するよう言い渡された部下は、とっさに「わかりました」と愛想よく言って、自分の本心を隠したつもりでいるかもしれないが、心から嬉しくない場合は本当に嬉しい場合に比べると、その声にはどこか違う響きのあることが多い。引きつりそうな顔を必死に笑顔を作ってごまかそうとしても、声に表れる感情までも偽ることは、そんなに簡単なことではない。

感情認知の研究に取り組んでいる研究者の多くは、顔に表れる感情、すなわち表情に関心をもっている。[2]表情がはっきりと表れている顔は、話し手の感情を理解する手がかりとして強力な手段となる。しかし、電話で話すときのように、耳から入ってくる音声だけを手がかりとして感情を理解する場合は、顔は見ることができないので、表情の手がかりは利用できない。もっとも、表情研究で著名なエクマンも言っているように、日常生活の中では、面と向かって話しているにもかかわらず、話し手の顔をちゃんと見ていないことも多い。そう考えると、相手の顔を見ないで感情を声だけで判断することは、確かによくあることと言える。しかし、表情から読み取れる感情の場合に比べると、音声だけで相手の感情を認知することについての研究は、数も少なく、わかっていないことも多いのが実際のところである。[3]

## 感情表出のルール

日々の暮らしの中で、私たちはさまざまな感情状態に置かれているが、それをそのまま顔や声に表すことはめったにない。感情表出には、「ここまでなら許される」といった一定のルールがあり、暗黙の了解のもとで感情を表出する。腹が立ったからといって怒りをストレートに表出しても許されるのは、子どもくらいであろう。

感情をどのように・どれくらい表出してよいのかは、文化ごとに暗黙のルールがある。法律のように明文化されていなくても、ある文化の中で生まれ育った人ならば、その文化の中での「決まり事」についてはかなりの程度までわかっている。このような感情表出に関する決まり事を、表示規則（display rules）と言う。表示規則はさまざまな社会的環境や役割などのもとで、どのように感情表出をするかについての社会的・文化的規範や因習である。[4] 日本には日本文化特有の感情表出のルールがあり、例えば、話し相手の気持ちに配慮して感情表出を控えめにするなどの特徴が挙げられる。属している文化の中で長く過ごしているうちに、この暗黙の「決まり事」は自然と身についていく。

マツモトと工藤[5]によれば、日本人は相手の腹の内を探り本音をつかむように、自然のうちに訓練されているので、外に表された表情にはあまり重きを置かない傾向がある。そして、日本では自分の気持ちを偽ってでも他人の気分を害さないように、社会的に望ましいとされる行動を常に示すように求められている。したがって、「相手の気持ちを汲むこと」を大切にして、自分の感情をあからさまに表出することはしない。そんなことをすれば、「気配りが足りない」「空気が読めない（ＫＹ）」と言われてしまうからだ。ちなみに、ＫＹを一語で言い表す英語はない。英訳しようとすると、散々に苦労したあげく、フレーズや文で長々と説明しなくてはならない。しかも文章で説明するのも難しい。ＫＹは日本独特の対人関係を表す言葉であり、日本社会の中で個を貫くことがいかに大変であるかを示す言葉でもある。一方、アメリカ人は感じたままを率直に顔に表し、顔に表れる見た目の表情を信用しやすい[6]。

## 感情の表出と認知は関連している

感情を顔にあまり出さない文化の中で育つと、相手の感情を認知する能力も低くなると言われている。このことは、言葉を話すこと（言葉の産出）と、言葉を聞き取ること（言葉の知覚）の間の関係によく似ている。話し言葉の場合、「産出」と「知覚」のどちらかだけが「できる」ことは、ふつうはない。

例えば、日本人の多くは、英語の［r］と［l］を区別して正しく発音することが苦手であるが、同時に、ネイティブが発音する［r］と［l］の違いを、正しく聞き分けることもできない。つまり発音ができなければ聞き取りはできないし、聞き取りができなければ発音もできないという相互関係が成り立っており、ループ状の関係のもとで相互に関連している（図1・1）。

言葉を発するときには、口の形をいろいろに変化させたり、舌を歯茎のところで破裂させたりして、さまざまな音声を作る。声帯から唇までを声道と言うが、この声道の形をいろいろな形に変えることにより、さまざまな言語音を生成することができる。このことを構音あるいは調音と言う。例えば、［ta］を発音する場合、舌を上の歯茎にあててから

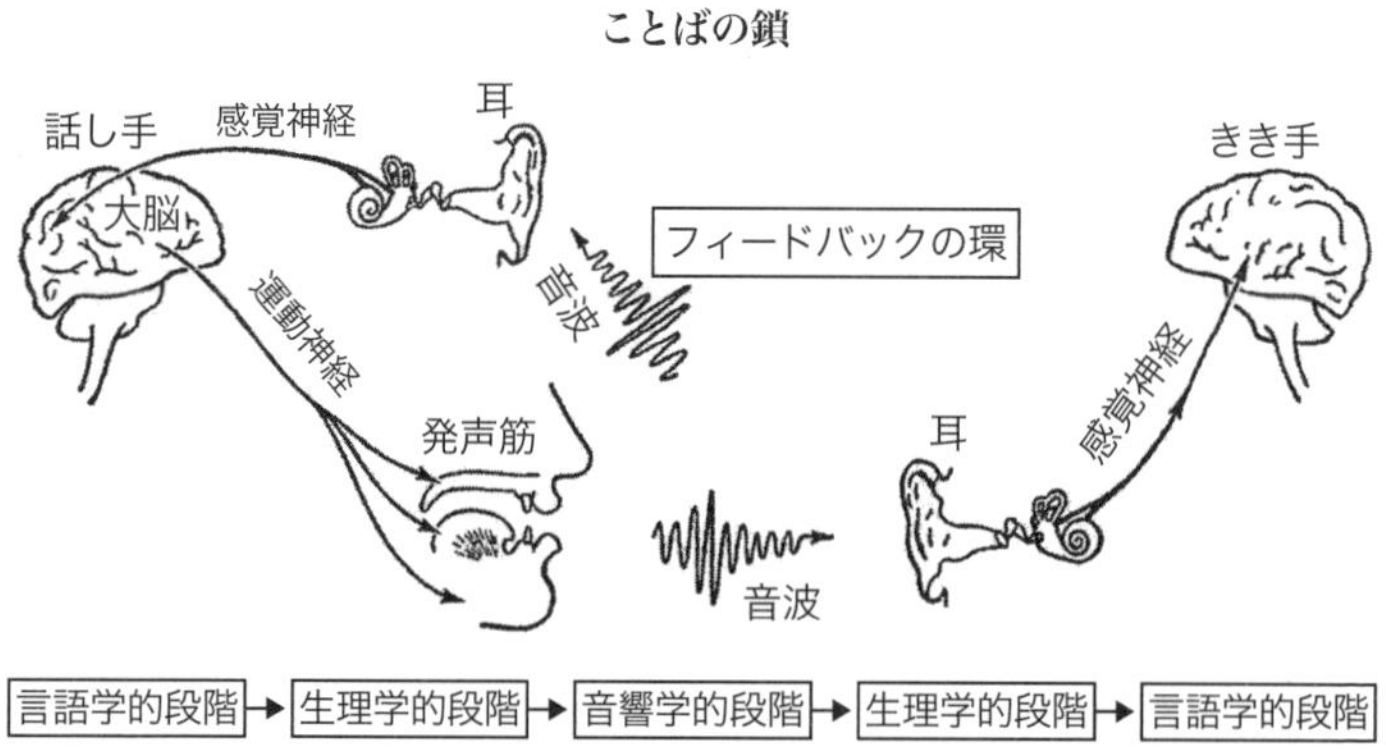


**図１・１　ことばの鎖（Speech Chain）**
（Denes & Pinson, 1963／神山・戸塚訳, 1966, p.4 より）

破裂させると、破裂音［t］が作られる。このときの破裂する場所を構音場所と呼ぶ。構音場所は子音の種類ごとに異なる。また、子音を作るには、破裂だけではなく擦《こす》るなどほかにも種々な様式がある。子音には構音場所や構音様式にもとづいて名前がついている。例えば、［t］の場合、舌を上歯茎のところ（構音場所）で破裂させるので歯茎音と呼ばれる。また、歯茎で舌を破裂させて（構音様式）生成されるので破裂音と呼ばれる。

　アメリカのハスキンズ研究所のリーバーマンらは、言語音知覚は音響的な特徴によって生じる「どんな音に聞こえたか」というきこえにもとづくのではなく、聞き手自身がその音を発話するとしたら、どのように構音するのかにまでさかのぼって、発話に必要な指令を脳から出し、その指令にもとづいて聞き取りが行われると考えた[7]。このような考え方は「運動指令説」と呼ばれる。

しかし、実際に言語音を聴取する際に聞き手自身がその音を発声するかと言えば、ふつうそんなことはしていないし、話を聞き取りながら自分の口や舌を一緒に動かすこともしていない。リーバーマンらが考えたのは、言語音を発話するときには、脳からの運動指令によって発話に必要な筋肉運動が行われるが、聞き取るときにも、聞き手が自ら発話する場合と照らし合わせながら、その運動指令を参照して言語音を聞いているのではないかということである。したがって、正しく発音できなければ構音をするための正しい指令が出せないので、正しい参照もできない。そのために聞き取りもうまくできないということになる。

この考え方を、感情の表出と感情の知覚や認知の関係にも当てはめてみると、自分で表現できない感情は認知できないし、認知できない感情は自らが表現することもできないということになる。さらに、この考え方をそのまま日本人の場合に当てはめてみると、日本人は感情表出が控えめだから、相手の感情を読み取るのも苦手だということになる。

しかし、日本人ならそれが見当はずれの考えであることはすぐわかる。なぜなら、日本人は日常生活の中で、欧米人とは比べものにならないほど頻繁に相手の感情をくみ取り、気配りをたくさん行っているからである。それどころか、２０１７年の流行語大賞に選ばれた「忖度」という言葉が示しているように、日本人は相手の感情や気持ちを先回りして考えようとする。そして、これは官僚や政治の世界だけではなく日常生活の対人場面においても、しばしば行われていることである。

こうしたことを顧みると、日本人の感情認知能力が低いとはとうてい考えられない。そこで、日本人は感情を欧米人のようにあからさまには顔に出さないけれど、何か他の手段を用いているのではないか、ということが推測される。真っ先に考えられるのは、声で感情を表現するという手段である。感情が含まれた声は感情音声と呼ばれるが、はたして日本人は感情音声の認知に長けているのだろうか？

しかしながら、声による感情表出について考える前に、日本人のつつましさは時として自分の感情を声にすら表出しないということについて考えてみよう。表情にも声にも感情を表さないとしたら、ほかに何があるのだろうか？　その例は小説の中に見ることができる。小説家がこれまで描いてきた日本人の感情表現の方法について、次に紹介する。

## 日本人の感情表現の特徴

日本を代表する文豪の一人である芥川龍之介は、短編『手巾《ハンカチ》』の中で、日本人の感情表出の特徴を見事に表現している。『手巾』では、ある婦人が最愛の息子の恩師である教授のもとを訪ね、かねてより療養中であった息子が亡くなったことを伝える場面が描かれている[8]。

——実は、今日も伜《せがれ》の事で上がつたのでございますが、あれもとうとう、いけませんでございました。在生中は、いろいろ先生に御厄介になりまして……

——中略——

何しろ、手の尽くせる丈《だけ》は、つくした上なのでございますから、あきらめるより外は、ございませんが、それでも、あれまでに致して見ますと、何かにつけて、愚痴が出ていけませんものでございます。

こんな対話を交換してゐる間に、先生は、意外な事実に気がついた。それは、この婦人の態度なり、挙措《きょそ》なりが、少しも自分の息子の死を、語ってゐるらしくないと云ふ事である。

眼には、涙もたまってゐない。声も、平生の通りである。その上、口角には、微笑さへ浮かんでゐる。これで、話を聞かずに、外貌だけ見てゐるとしたら、誰でも、この婦人は、家常茶飯事を語ってゐるとしか、思はなかったのに相違ない。――先生には、これが不思議であつた。

（現代日本文学大系43、筑摩書房より）

このとき、主人公の老教授は留学先のドイツから帰ってまだ間もなかった。それですぐにドイツでの出来事を思い出したのだった。ドイツにいた当時、カエサル（皇帝）が亡くなったときのことであった。国民は泣きながらカエサルの死を悼んだ。その光景を目撃した教授の目には、いま自分の目の前にいる婦人が微笑すら浮かべて、最愛の息子の死を伝えている光景に違和感を覚えたのだった。悲しいのに涙を見せず穏やかに話すその婦人の様子が、同じような悲しい状況でドイツ人が示した大げさとも言える感情表出とは、あまりにもかけ離れているように思えたからである。しかし、程なくして教授は、日本人の感情表出が欧米人とは異なることを実感したのだった。

『手巾』では、さらに次のような場面が展開する。教授はふと落とした団扇を拾おうとして、下を向いて、床の方へ手をのばした。

その時、先生の眼には、偶然、婦人の膝が見えた。膝の上には、手巾を持った手が、のってゐる。勿論これだけでは、発見でも何でもない。が、同時に、先生は、婦人の手が、はげしく、ふるへてゐるのに気がついた。ふるへながら、それが感情の激動を強ひて抑へようとするせゐか、膝の上の手巾を、両手で裂かないばかりに緊《かた》く、握つてゐるのに気がついた。さうして、最後に、皺くちやになつた絹の手巾が、しなやかな指の間で、さながら微風にでもふれてゐるやうに、繡《ぬひとり》のある縁《ふち》を動かしてゐるのに気がついた。——婦人は、顔でこそ笑つていたが、実はさつきから、全身で泣いてゐたのである。

芥川は「全身で泣いてゐた」という表現で、『手巾』の中の老婦人の深い悲しみを表現している。それでは、その老婦人は深い悲しみの中にありながら、なぜ微笑んだのか？私たちは相手の顔に現れる表情や声の調子から、相手の感情を推測する。しかし実際には、感情は顔や声のみで表現されているわけではない。感情表現は顔と声はもちろんだが、手や足なども含めた全身で表現される。ある表現とある表現（例えば、表情と声の調子）が矛盾している場合もあるが、全身を眺めれば相手の感情がどのようなものであるのかは、かなりの程度わかる。『手巾』の中の婦人も、表情や感情音声とはまったく異なる感情をもっていたのであり、その悲しみの深さを、手巾を握りしめた震える手によって教授は知ることができたのである。

『手巾』の中で、芥川は婦人の表情を悲しみではなく、微笑という悲しみの対極の表情として描いている。しかし、「落着いた、滑《なめらか》な調子で云つた」「声も、平生の通りである」とはあるが、「明るい声で話した」のような描写はない。微笑を浮かべた顔を描写したのとは対照的である。やはり顔を作るよりも声を作る方が、自分の本当の感情とはひどく矛盾してしまうのではないだろうか。そのため声は表情のように安易には偽れないことを、この一節は示唆していると考えられる。

悲しみなどのネガティブな感情を微笑みとともに伝える行動は、欧米人には理解しにくいようである。また、時として意味もなく（欧米人にはそう思えるらしい）微笑むという行動を「ジャパニーズ・スマイル」と呼び、日本人を不可解に思う要因の一つとなっている。時には欧米人にとっては意味がないと思われることも、日本人にとっては大切な意味がある。微笑むことによって悲しみや怒り、惨めな気持ちを取り繕い、自らの心の痛手を和らげることができるだけではなく、さらに相手に対しても「私はこのように大丈夫ですから、あなたもあまり心配なさらないでください」というようなメッセージを送り、相手への気遣いをしているとも考えられる。日本人同士なら何となくわかる気がするが、ストレートに感情表現をする欧米人には、とうてい理解できないことなのだろう。

## 日本人論と感情表現

欧米文化の中で暮らす人々にとって、日本人の行動パターンの中には理解しがたいものがあることは、これまでもしばしば指摘されてきた。例えば、第二次世界大戦中の調査をもとに、1946年に出版されたルース・ベネディクトの『菊と刀』では、日本人の行動パターンの中心には、「恩返し」と「義理を果たすこと」という概念があり、美術を愛し菊を栽培する一方で戦争を行う、といった一見矛盾しているようにも思える行動をとることについて論じられている。

また、精神分析学者の土居健郎は、著書『甘えの構造』の中で、周りの人々に好かれたい、依存したいという日本人特有の感情を「甘え」と定義し、日本人は他人との人間関係においても親子関係のような親密さを求めていると指摘している。

一方、社会人類学者である中根千枝の著書『タテ社会の人間関係』の中では、会社や大学という枠が、集団構成や集団認識において重要な役割を果たしており、日本では「タテ」の関係が非常に大切であることが述べられている。前任者の顔色をうかがって、思い切った改革を断行できない経営者が少なからずいることは、日本では時折り聞く話である。

欧米人とは異なる日本人の行動パターンの特徴は、感情のやり取りにおいてもしばしば指摘される。相手を気遣って自分のネガティブな感情をストレートに表に出すのを控える、という日本人にとっては日常生活の中では当たり前でほとんど無意識に行っていることでも、欧米人にはなかなか理解してもらえず、文化の違いがもたらす相互理解の難しさに気づかされることが少なくない。

## 話し言葉に含まれる情報

コミュニケーション行動において、話し言葉は意味の伝達を行うだけではなく、相手の感情や心理状態を知るための重要な手段でもある。話し言葉の中には意味以外にもさまざまな、そして重要な情報が含まれている。これらの情報を大別すると、

言語的情報：相手に伝えたい意味内容に関する情報
個人性情報：話し手がどのような人（年齢、性別など）であるかに関する情報
情緒性情報：話し手の感情に関する情報

に分けられる。この中で私たちが普段言葉と言っているのは、一つ目の言語的情報のことである。何を言っているのか、どういう意味なのかを伝えることは、言うまでもなく言語の重要な機能の一つである。例えば、誰かがあなたの知らないアラビア語で話しかけてきたとしたら、まったく理解できず途方に暮れてしまうだろう。言語にはそれぞれ体系化された文法があり、言語ごとに使用される母音や子音の種類や数が決まっている。言語的情報を知らなければ、話していることが聞き取れないし、意味もまったくわからない。

二つ目の個人性情報は、性別・年齢などの話し手についての情報である。どのような人物がしゃべっているのか、何歳くらいの人がしゃべっているのか、話しているのは男性か女性かなどについての情報である。したがって、個人性情報は電話を利用した犯罪捜査にとっては、犯人特定につながる重要な情報となる。犯人の声を聴いた耳撃者《みみげきしゃ》の証言は、目撃者の証言と同様に、重要な捜査上の手がかりとなる。目撃者の場合には、容疑者を実際に見せて犯人かどうかを確かめてもらうことがある。これは面通しと呼ばれる方法だが、耳撃者の場合には、面通しの音声版であるボイスラインナップ課題を与えて、犯人の声かどうかを判断するように求めることがある。この場合、いくつもの声を聴く耳撃者はさまざまなミスを犯しやすい。というのも多くの場合、音声を聞いていた時間はそんなに長くないことが多い上に、時間の経過とともに聴覚的な記憶は失われていくためである。

今日、電話やインターホンを利用した犯罪が増加しているが、この場合、声の特徴が犯人を特定するための重要な決め手になることが多い。では、ある人の声を聞いたとき、私たちはその声をどのように、そしてどれくらいの期間、記憶していられるものだろうか？

どのような声であるかを表す言葉（声質表現語と言う）を用いた記憶実験の結果によると、話者がどのような人物であるかの手がかりとなる個人性情報の記憶は、時間経過によって劣化するが、その割合は「特徴的な音声」と「平均的な音声」では異なっている。「特徴的な音声」の場合、20日間程度の期間であれば聴取印象の記憶が保持されているのに対して、「平均的な音声」の場合には、記憶の劣化の進み方が速い。また、話者が同一人物であるか別人物であるかがわかる能力を「話者識別力」と言うが、「特徴的な音声」の方が話者識別力は高い[9]。

三つ目の情緒性情報は、話し手がどのような感情で話しているかについての情報である。もしこの情報がなかったら、日常生活で誰かと話をする際には相手の本当の気持ちを知ることが難しくなる。相手の感情を知るのに表情はわかりやすい手がかりだが、話者の本当の気持ちは表情よりも声に現れやすいと考えられているからである。

人は自分の感情を隠そうとするときにはまず表情を作る。例えば、失敗したときに「がっかりしていない」ことを示そうとして、笑ってごまかそうとする。表情は一瞬で感情を相手に伝えられるから、とっさにごまかすには良い手段だが、音声の場合には言葉を選び、その言葉に感情を乗せることになるから、一瞬というわけにはなかなかいかない。

さらに言葉には、それ自体が本来もっている感情、つまり「文字通りの意味」自体に特定の感情が伴われている場合がある。このことも、音声による感情の表出と認知を難しくさせる要因となっている。例えば、「おめでとう」は慶事のときに用いられる挨拶の言葉であり、もともとは幸福の感情をもっている言葉である。したがって、「おめでとう」は本来、明るく陽気な声で発せられるはずの言葉なのだが、それをもし悲しそうに言ったとしたら、言葉の意味と声の感情との間にギャップが生じて、そのために言う方も言いにくくなるだろうし、言われた方の相手も困惑してしまうだろう。

こんなふうに音声にはいろいろな情報が含まれているから、表情から相手の感情を認知するのに比べて、音声から感情を特定するのはとても難しい。

## 書き言葉と話し言葉

### スタンプで伝える

スマートホンの普及とともに、意思や情報を伝えたりコミュニケーションを深めたりするために、多様なコミュニケーションツールが利用されるようになった。その中の一つであるラインは、若者を中心にして利用者が爆発的に増えた。ラインを使って情報の伝達や交換をするようになったため、電話で話す機会がめっきり減ってしまった。もし文章だけで自分の今の感情がどういうものであるのかを相手にしっかり知ってもらおうと思ったら、言葉で細かく記述しなければならない。しかし、スタンプ（トーク用のイラスト）を押しておけば、相手はそれを見たらすぐに言葉にならない思いや感情をわかってくれる……と期待できる。さらに、文章を書かずに表情豊かなスタンプを送信するだけでも気持ちを伝えることができると考え、スタンプのみを返信する人もいる。

スタンプの例

　言語を使えることで、人は他の動物とは比べものにならないほどの高度な文明を発展させることができた。言葉を生み出すためには、頭を使わなくてはならない。伝える感情が同じであっても、それをどのような言葉で表現するのか、どのような言い方をするのかによって相手が受ける印象や心情も大きく変わる。だから、言葉を選び深く考えなくてはならない。人間の知的面での高度な成長のために、この作業は本来とても重要なものである。もしスタンプを安易に用いることで、微妙なニュアンスを伝えるために頭をひねって言葉を選ぶという機会が減ってしまったとしたら、もったいないことである。

## 文字で伝える

自分の考えや感情などを誰かに伝えようとする際、音声だけではなく文字を使うこともできる。音声による話し言葉（音声言語）と文字による書き言葉（文字言語）には、それぞれが他では代用できない特徴がある。

話し言葉は日常的に使用できる一番便利なコミュニケーション手段であり、教えてもらわなくても生まれてから自然と身についてゆく。こうして獲得した言語は、母語あるいは第一言語と呼ばれる。母語はふつう特別な訓練を受けなくても、通常の生活をしていれば日常生活に困らない程度の言語力を身につけることができる。一方、書き言葉は学習しないと身につかない。私たちは日本語をいつの間にか話せるようになっているが、平仮名や片仮名、漢字は主に学校で国語の時間に教えてもらって書けるようになった。文字言語は音声言語から派生したものであるが、改行や句読点やスペースなどは文字言語にしかない特徴である。

歴史を振り返ると、書き言葉のない文明は存在したが話し言葉のない文明は存在しなかった、と言われている。話し言葉は人が自分の音声器官を使用して行うことのできる、きわめて簡単で便利なコミュニケーション手段であるが、書き言葉にも記録を残すという大切な機能がある。後世の人々が昔のことを知ることができるのは、歴史上の事柄が文字で記録されていたおかげである。話し言葉は話すそばから消えてしまうが、書いたものは長く残り史実の証拠となる。

こう考えると、一見書いたものの方が証拠力は高そうに思われるが、ここ数年、メモ書きよりもボイスレコーダーに録音された音声の方が「動かぬ証拠」となることが多いようである。書いたものは後で改竄されたとしても、オリジナルと比較しなくては改竄されたかどうかはわからない。しかし、「一度口に出した言葉は元には戻せない」と言われるように、いったん口から出てしまった言葉を引っ込めることはできない。言い直したとしても、「言い訳」や「取り繕い」などに思われてしまう。「口は禍のもと」「口から高野」等の諺がいろいろあるが、いずれも話し言葉だからこそ言える諺である。[10] また、「口は心の門（思っていることはとかく口に出して言いがち、言葉には十分気をつけよ、の意）」という諺が示すように、本心はとかく言葉に出る。つまり意味を理解しながら話者の感情や本心もわかってしまうのが、話し言葉の特徴と言える。

現代のように話し言葉を録音できなかった時代には、口承によって事象を伝えることが何代にもわたって行われていた。「アフリカでは一人の老人が死ぬということは、一つの図書館が燃えてしまうことに等しい」(アマドゥ・ハンパテ・バー[11])と言われるように、口承によってさまざまな事柄が伝承されてきた例もある。例えば、日本でも昭和のはじめ頃までは三味線やお琴のお師匠さんには目の不自由な人が多く、その場合の稽古は口伝えで行われていた[12]。

メールでのやり取りはビジネスには便利だが、友人同士などの間では味気ないという人もいる。同じ「ありがとう」でも本当にそう思っているのかどうかは、字面だけではわからない。ありがたさを感じている程度のわずかな違いや、あるいは逆に本当は「まったくありがたくない、有難迷惑と思っている」のかどうかも書き言葉では伝えきれない。話し言葉なら、声の調子からかなりの程度までわかってしまうのに・・・。

意味情報の観点から考えると、文字で伝えた方が記録を後世まで残すことができ、確実かつ便利であるが、個人性情報と情緒性情報の観点から考えると、書き言葉は話し言葉にはかなわないと言える。もちろん、書き言葉でも文字を見て、震えた手で書いたような文字だから書き手は老人ではないかとか、文字が乱れているから動揺していたのではないか等のことはわかる。ただし、最近はパソコンやスマートホンに打ち込んだ活字を使うことが多いから、いくらよく見ても、文字面だけからは個人性情報や情緒性情報のヒントはほとんどもらえない。そのため、メール文はどうしても素っ気ない感じになってしまいやすい。そこで、字体を変えてみたり絵文字を用いてみたりするなどの工夫をするのだが、そんなことをしても、話し言葉の「微妙なニュアンスを伝える機能」にはかなわない。面倒で厄介な人間関係を避けるために、話すことによるコミュニケーションを避けてしまうと、次第に対人場面でのコミュニケーション能力が低下していくのではないか……と危惧される。

**注**

[1] 本書の中では、日本人とは日本語母語者（母語、つまり第一言語が日本語である日本語母語話者）の日本人のことを指す。
[2] 例えば、Ekman (1968) (1972); Ekman & Friesen (1971); Izard (1971); Matsumoto (1992); Matsumoto, Wallbott, & Scherer (1989); Russell (1994); Wang, Hoosan, Lee, Meng, & Yang (2006).
[3] Murray & Arnott (1993).
[4] Ekman (1973) (1989).
[5] マツモト・工藤 (1996).
[6] 第3章でアメリカ人に対して行った実験例を参照してほしい。
[7] Liberman, Cooper, Shankweiler, & Studdert-Kennedy (1967); Liberman & Mattingly (1985).
[8] 芥川 (1916).
[9] 木戸・粕谷 (2009).
[10] 書き言葉は、後からでも推敲して書き直すことができる。話し言葉は、「一度口にした言葉は取

り返しがつかない」。言い直しても、言ってしまったことは残る。あくまでも「訂正」にすぎない。そして訂正であることは言われた方の側も知っている。まさに「覆水盆に返らず」なのである。映画『男はつらいよ』で、寅さんが「それを言っちゃおしまいよ」と言って旅に出るシーンがたびたび出てくる。おいちゃんたちが後からいくら言い直しても、寅さんの機嫌は直らない。一度口から出た言葉は引っ込めることはできない。

[11] アマドゥ・ハンパテ・バー（1900-1991）。1991年に没するまで、膨大な口承伝承の収集にもとづき、アフリカの伝統に根ざした呪術と超自然に満ちた、奇想天外でありながらも事実に即した物語を数多く残した作家である。（『アフリカのいのち：大地と人間の記憶：あるプール人の自叙伝』訳者あとがきより抜粋。）

[12] 私の母も若い頃そのようなお稽古に通っていたそうで、当時のことを聞くと、「シャッテンシャッテンシャシャシャコロリン、ツンテンシャシャシャコロリン、コロリンコロリンシャシャシャコロリン」（お琴の弾き方らしい）などとよく歌ってくれた。

# 第2章 自然な感情と偽った感情

感情は偽る間もなく思わず表出してしまうことがある。それは表情であったり声であったりその両方の場合であったりする。どんな場合にどのように表出してしまうのか？　まず思わず表出された表情の場合についての研究を見てみよう。

## 思わず表れてしまう感情

オリンピックの表彰台に上がっているメダリストたちは、本当に嬉しそうである。中には感情を顔に出さない選手もたまにいるが、たいていのアスリートはニコニコしているし、破顔一笑の人もいて、その喜びの大きさは、私たちの想像をはるかに超えるものなのだろう。笑顔の裏には、たくさんの努力や苦しく辛い訓練を重ねた日々があったに違いない。

オリンピックのような大舞台ではなくても、もっと身近な些細なことでも感情が思わず表出されることがある。例えば、テニスの試合に勝ったときや仕事がうまくいったときなどである。心から喜びがこみ上げてきて、思わず笑みがこぼれる。このような体験は大なり小なり誰にでもあるだろう。心から幸せを感じたときの笑顔は、作り笑いをして、悲しみや怒りなどの本当の気持ちを隠そうとする笑顔とはどこか違う。

## デュシェンヌの微笑

フランスの神経学者デュシェンヌは、自然に沸き上ってくる本物の喜びから生じた自然な微笑は、頬骨および眼窩の両方の組み合わせによる筋肉運動から生まれるものであり、作り笑いをした場合の筋肉運動とは異なることを指摘した。この自然な微笑を、エクマンは彼の名を取って「デュシェンヌの微笑（Duchenne smile）」と呼び、作り笑いのことを偽りの笑顔（false smiles）と呼んだ[1]。

一口に笑顔と言っても、その表情は喜びの程度によってもおのずと違ってくる。例えば、皆から金メダルが確実と思われていたのに銀メダルに終わってしまった選手、最初から銀メダルを期待されていた選手、メダルは無理だと誰からも思われていたのに思いがけず銀メダルを取れた選手、の笑顔をそれぞれ比較してみると、同じ銀メダルの表彰台に立っている選手の笑顔にも微妙な差が認められる。インタヴューされたとき、「嬉しいけれど残

**図２・１　本物の笑顔と作り笑い**（Ekman, Davidson, & Friesen, 1990）
二つの微笑は同一人物のものであるが、どちらかが本物の笑顔（デュシェンヌの微笑）であり、どちらかが作り笑いをした笑顔（偽りの笑顔）である。どちらが本物の笑顔かわかるだろうか？[2] 正解は43ページ。

念な気持ちも少しある」「嬉しいというよりもホッとしている」「信じられないくらい嬉しい」のように話す選手たちを見ると、それまでの選手が置かれていた環境や立場によって、笑顔の内容も程度も異なっていることの意味がよくわかる。

一方、ネガティブな感情の場合にも、自然な感情は表情として顔に表れる。親しい人の悲報を聞いて一瞬顔が「蒼ざめたり」、怒りで顔が「真っ赤になったり」というように、思わず感情を顔に出してしまうことはある。ネガティブな表情を隠そうとして笑顔を作ることも多いかもしれないが、とっさに隠す間もなく表情が表出されてしまうことがある。

相手の感情を正しく認知することは、コミュニケーション行動を円滑に行う上で不可欠であるから、わかりやすい手がかりの方が優先されて使われやすい。こう考えると、相手の顔面表情やジェスチャーなどの

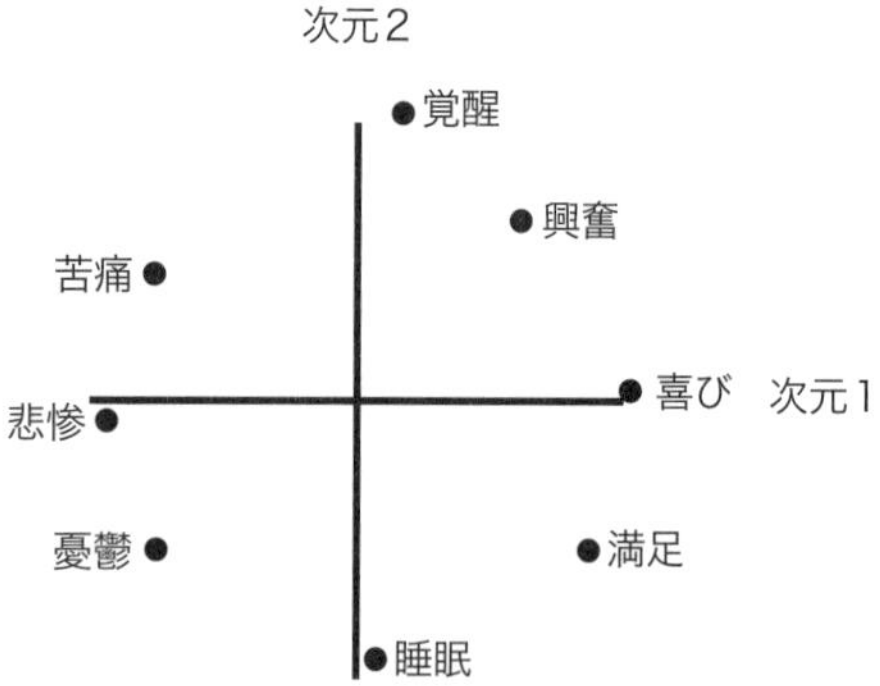

**図2・2　二次元心理空間中の感情の配置**（Russell, 1980）

視覚的手がかりはわかりやすいから、多くの場合、このような視覚情報が利用されやすいということも頷ける。心理学における感情研究を振り返ってみると、多くが視覚刺激を用いて研究が行われてきた。ほとんどの場合、感情がクライマックスに達したときの表情の写真（表情写真と言う）が用いられてきた。例えば、シュロスバーグ[3]は表情写真に対する感情判断の結果をもとに、（a）愛、幸福、愉快、（b）驚き、（c）恐怖、苦しみ、（d）怒り、決意、（e）嫌悪、（f）軽蔑という六種類の感情が、円環に並べられることを示した。この円環は快－不快、注意－拒否、睡眠－緊張の軸が構成する三次元の心理空間の中に位置すると考えられた。

類似の考え方は、他の研究者によるさまざまな研究結果からも導かれている。例えば、ラッセル[4]

は、多次元尺度構成法（ＭＤＳ）により表情の類似性を二次元空間の中にプロットして円環状の配置になることを示し（円環モデル）、二次元の心理空間が快－不快、覚醒－睡眠の軸からなると解釈した（図２・２）。

ここで軸に注目すると、快－不快の軸は常に第一次元と考えられ、第二次元以下については注意－拒否や睡眠－緊張（覚醒度）などさまざまに解釈されている。[5]

一方、日米のＴＶドラマを用いて表情識別実験を行った研究からは、日本人の表情認識構造は「恐れ」と「驚き」、「怒り」と「嫌悪」を区別せず、「幸福」と「驚き」と「怒り」と「悲しみ」を明確に区別していること、さらに「悲しみ」を「怒り」と「幸福」の中間に位置する表情として認知していることが示唆された。[6] さらに、日米間で表情に対する感情認知の傾向を調べると、表情を表出する者とそれを見る者との関係が、同文化間の場合も異文化間の場合も、若干の差異はあるものの、二次元心理空間の中で類似した感情の配置関係にあることがわかった。[7] ただし、「恐れ」は「悲しみ」と「驚き」に混同されやすかった。話者と聞き手が同じ文化に属する場合、「恐れ」が視覚的に認知されにくいことは報告されているが、[8] 話者と聞き手が異文化に属する場合にも、同様に「恐れ」は認知されにくいことが認められた。

## 声の感情を繕うのは難しい

自然に沸き上る本物の喜びや悲しみなどの感情が顔に表れるときには、声の感情も少なからず影響を受けてしまう。しかし、声の感情を繕うのは表情を繕うよりも難しいらしく、本当の感情は声に表れることが多いと言われている。

第1章では、日本女性の悲しみの表出方法を描いた芥川龍之介の短編『手巾』を紹介したが、ここでもやはり芥川龍之介の短編で、思いがけず真の感情が発露される場面を描いた『杜子春』を取り上げる。芥川龍之介は明治・大正期を代表する小説家の一人であり、『杜子春』は教科書にも記載されているよく知られた作品だから、読んだことのある人も多いだろう。以下に、あらすじの一部を紹介する。

主人公の杜子春は仙人（鉄冠子）に弟子入りして、ある修行をするように言い渡された。その修行とは、「絶対に口をきくな」というものだった。杜子春は言いつけを守って誰とも口をきかなかったが、やがて杜子春の魂は地獄に送られ、閻魔大王から問いかけられると思わず答えそうになった。しかし、「口をきくな」という仙人の言葉を思い出して、口を閉ざすのであった。尋ねたことに答えない杜子春に閻魔大王は怒り、地獄のありとあらゆる責め苦を強いたのだった。しかし、それでも杜子春は口を開かない。そこで閻魔大王は一計を案じ、杜子春の死んだ両親を畜生道から引きつれてきて、杜子春の目前で今は馬の姿に変えられた父母を責め続けた。杜子春は目をつぶって耐えていたが、ふと「心配をおしでない。私たちはどうなっても、お前さえ仕合せになれるのなら、それより結構なことはないのだからね。大王が何と仰《おっしゃ》っても、言いたくないことは黙って御出《おい》で」という母の声が聞こえた。杜子春が目を開けると、母が悲しそうに杜子春を見つめていた。その瞬間、杜子春は「お母さん」と叫んでしまう。

ここで最後のくだりを原文で読んでみよう。

……

杜子春は必死になつて、鉄冠子の言葉を思ひ出しながら、緊《かた》く眼をつぶつてゐました。するとその時彼の耳には、殆《ほとん》ど声とはいへない位、かすかな声が伝はつて来ました。

「心配をおしでない。私たちはどうなつても、お前さへ仕合せになれるのなら、それより結構なことはないのだからね。大王が何と仰《おつしや》つても、言ひたくないことは黙つて御出《おい》で。」

それは確に懐しい、母親の声に違ひありません。杜子春は思はず、眼をあきました。さうして馬の一匹が、力なく地上に倒れた儘、悲しさうに彼の顔へ、ぢつと眼をやつてゐるのを見ました。母親はこんな苦しみの中にも、息子の心を思ひやつて、鬼どもの鞭に打たれたことを、怨む気色《けしき》さへも見せないのです。大金持になれば御世辞を言ひ、貧乏人になれば口も利かない世間の人たちに比べると、何といふ有難い志でせう。何といふ健気な決心でせう。杜子春は老人の戒めも忘れて、転《まろ》ぶやうにその側へ走りよると、両手に半死の馬の頸を抱いて、はらはらと涙を落しながら、「お母さん。」と一声を叫びました。・・・

（現代日本文学大系43、筑摩書房より）[9]

そのとき、おそらく杜子春の顔は涙でぐしゃぐしゃの泣き顔だったに違いない。あるいは恐怖で真っ青だったかもしれない。しかし、そのような描写はない。「お母さん」という叫び声をあげたことを描写することによって、杜子春の溜めていた感情がどれほどのものだったのかを読む者に十分伝えている。一方、この一言から読者も杜子春の気持ちを十分に知ることができる。どんな声だったかについては書いていないが、書く必要もないであろう。それは読者一人一人が自分自身の悲しみの声に置き換えて、自らの心の中で聞いているに違いないからである。

社会的な習慣から、日本人は感情の中でも特にネガティブな感情はストレートに表出しないように、顔と声の両方に気を配ることを実践してきた。しかし、杜子春がそうであったように、とっさの場合、声の方が真の感情を取り繕うことは難しい。だから、表情を描写するよりも声を描写する方が、リアルにその感情を伝えやすいと言えるかもしれない。しかし、そもそもどのような声であるのかを的確に描写するなどということは、とても難しくてできそうもないように思われる。

## 文脈効果

人は感情を偽ることもあれば、時としてあいまいにしか表に出さないこともある。そのため、状況によってはある表情と別の表情が類似しているように見えることがある。このような場合、相手がどのような感情状態にあるのかを正確に言い当てることは難しい。ある表情と別の表情が酷似しているように見える場合、二つの表情の違いを知るには、それらが生じている場面が重要な手がかりとなる。先に挙げたオリンピックのメダリストたちの表情は、彼らの「過去」を知らないと、その表情に込められている感情を誤解してしまうこともある。そのためにやっているのかどうかはわからないが、試合を実況する前に延々と選手の過去をドキュメンタリーのようにして流す番組もある。「そこまで知らなくてもいいのに」と思ってしまうほど、「感動秘話」が実況の前に流される。この場合、「過去」が試合後の選手への評価や感情認知の手がかり（文脈）となる。

文脈は、「これまで日夜たゆまぬ苦しい練習をやり抜いた」というような過去にさかのぼる時間的スパンの長いものだけではない。図２・３を見てみよう。２枚の写真とも、かつて「テニスの女王」として君臨したヴィーナス・ウィリアムズの試合直後の写真である。（ａ）だけを見れば、まるで苦しみの最中にいて、もがいているように見える。口を大きく開け、何か叫んでいるように見えるが、これは人が苦痛を感じたときに示す表情と似ている。しかし、その考えは（ｂ）を見ると一変する。実は、彼女は試合に勝って歓喜の真っただ中にいたのである。

このように、表情はそれを取り囲むいろいろな環境、物、人物などのさまざまな文脈から影響

(a)　(b)

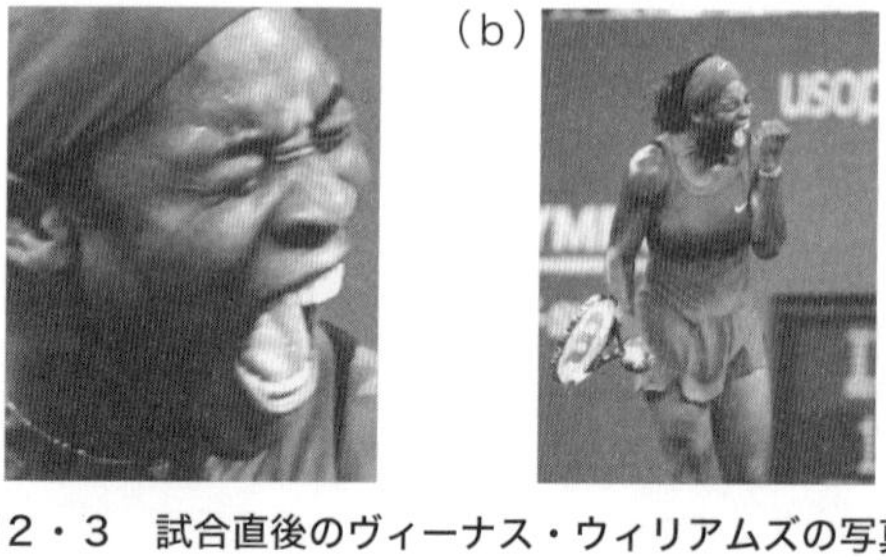

**図2・3　試合直後のヴィーナス・ウィリアムズの写真**

(Barrett, Mesquita, & Gendron, 2011)

（ａ）は顔だけ、（ｂ）は背景も映っている。（ａ）と（ｂ）のどちらの写真を見るかにより、印象は180度異なったものとなる。いま彼女はどんな感情状態にいるのだろうか？（ａ）を見た場合は苦しんでいるように見える。しかし、（ｂ）を見ると喜びの絶頂にいることがわかる。なぜこんなに違って見えるのだろうか？

を受ける。これを文脈効果（context effect）と言う。文脈は多種多様である。例えば、バレットら[10]によれば、刺激によって作られる文脈、知覚する人によって作られる文脈、そして文化的な背景によって作られる文脈などが挙げられる。

## 刺激によって作られる文脈

表情が社会的状況や音声、視覚場面などと一緒に与えられると、その表情についての感情判断は、一緒に与えられたものに応じて異なるものになる。例えば、怒りで顔をしかめた場合、危険な状況と一緒であれば「恐れ」に知覚されやすく、汚物にまみれた状態にあるなら「嫌悪」に知覚されやすくなる。状況によっては、「決意に満ちている」や「当惑している」のように知覚されることもある。そして、もし表情があいまいで他の表情と見分けがつきにくい場合には、これらの文脈が強く作用して、知覚する人の判断を大きく変えてしまうことがある。先ほど見た図2・3はこのような例である。

## 知覚する人によって作られる文脈

相手の顔に浮かんだ表情を見るということは、あたかも紙の上に書かれた言葉を読んでいるのと同じことと考えられる。そのため、言葉を与えられた場合と同様のトップダウンの文脈効果を受ける。つまり悲しそうな表情をしていると思ったら、悲しい言葉を読んだ場合と同様に、「悲しい」という前提の下でいろいろなことを判断する。さらに、表情の中に見た感情からはそこに含まれている意味がわかるし、ほかにもさまざまなことがわかる。これらのことが相手の感情を判断するときにバイアスとなって、知覚する人自身の判断を左右する。つまり知覚する人の判断は、思い込みや好き嫌いや過去の体験のような自身に起因する文脈から影響を受けて、変わってしまうことがある。

## 文化的な背景によって作られる文脈

感情を表す人とそれを知覚する人が同じ文化をバックグラウンドとしている場合、文化は文脈としてはたらいて、表情の読み取り方にも影響すると考えられる。例えば、ハッとした顔[11]や冷笑している顔を見ると、

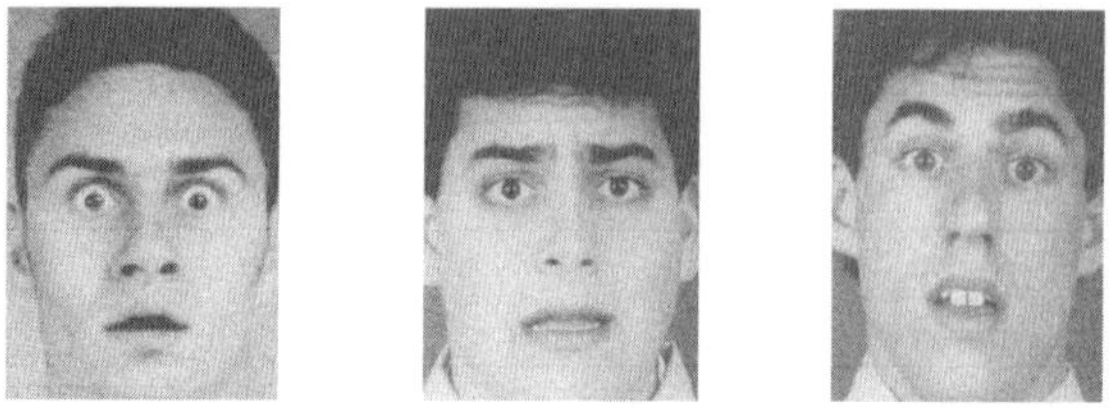


**図2・4　ハッとした顔、恐怖の顔、驚いた顔の例**

恐怖の顔と驚いた顔（ディビット・マツモト，工藤力（1996）『日本人の感情世界』より。恐怖：p.37 驚き：p.43）ハッとした顔（ネットより）

西洋の人々（白人）は相手の顔の目や鼻や口の周りを見て相手の感情を読み取ろうとする。一方、東アジアの人々は主に相手の目を見て相手の感情を読み取ろうとする。東アジアの人々はハッとした顔（startle）は恐怖（fear）ではなく驚いた（surprise）顔に知覚し、また冷笑した顔は嫌悪ではなく怒りの顔に知覚する。このように、文化的背景は感情認知の方法にも影響を与える文脈となっており、相手の顔のどこを見るかというような、表情から感情を読み取る方法も文化的背景によって異なる。[12] 図2・4はハッとした顔、恐怖の顔、驚いた顔の例である。

## 話の内容より言い方が重要——パラ言語

思っていることと、それを口に出したときの感情が同じとは限らない。例えば、「ありがとう」と言われたときに、相手が本当にありがたく思っているのか思っていないのか、判断に迷ってしまった経験は誰にでもあるだろう。相手から言葉にとげのある尖った言い方で言われると、よほど鈍感な人でない限り、相手がちっともありがたくは思っていない、という本心を感知することができる（「有難迷惑だったのかな?」）。しかし、嬉しそうに「ありがとう」と言われたけれど、何となくどこかいつもと違うと感じたときには、「いったいこの相手は、本当のところはどう思っているのだろうか？」と疑心暗鬼になり、思い悩んでしまう。このように、言葉は意味（言語的情報）がわかったとしても、それだけでは相手の意図を正しく理解できないことが少なからずある。つまり「何を言ったか」だけではなく、「どのような言い方」をしているのかまで考える必要がある。それどころか、「言い方」の方が重要な場合もある。言い方次第では、言葉が表す意味とは逆の意味に解釈することが必要になる場合があるからだ。このような発話の際の声の調子や大きさ、話す速さや間の取り方などの非言語メッセージは、パラ言語と呼ばれる。

この章の冒頭で紹介した「デュシェンヌの微笑」の話の中で、作り笑顔と本物の笑顔を見分けるには顔の筋肉運動が手がかりになると述べたが、それでは音声の場合は、いったい何が本当の気持ちを聞き分けるのに役立つ手がかりになるのだろうか？

言語的情報は音声のもつ重要な情報であるが、話し手が感情を偽っている場合には、言葉のもつ意味を額面通りに受け取ることは危険である。相手の真の感情を知るためには、「どのように言っているか」を正確に理解しなくてはならない。そのためには、音声に含まれる非言語的情報がもつ手がかりを知ることが必要になる。もちろん、実際には言い方だけではなく、その言葉を話しているときの身振りや仕草なども手がかりになるが、ここでは音声のどのようなパラ言語情報が、相手の意図を知る手がかりとなるのかについて考えてみる。

## 音声が伝える情報にはどんなものがあるか

音声が伝える情報を大別すれば、言語的情報と非言語的情報に分けられる。非言語的情報の中には韻律、声の高さ、声の大きさ、イントネーションなどがある。音声の非言語的情報は、音声から言語的情報を除いた残りの情報とも言えるが、研究者によりその定義は異なり一定ではない。言葉を表現するときに話者が「意図しているか・いないか」や、「意識的に話しているか・無意識的に話しているか」などの視点から分類することにより、音声に含まれる情報を言語情報・パラ言語情報・非言語情報の三つに大別する考え方がある。この場合、パラ言語情報と非言語情報の区別については、例えば、話者が言葉を話す際に自分の意図や態度を意識的に相手に伝えようとして表現する場合をパラ言語情報に、意識せずに表現する場合を非言語情報に分類する考え方がある。[13] この考え方によれば、言葉を強調したり疑っていることを伝えようとして、音声に抑揚をつけたり声の高さを変化させたりする場合は、強調や疑いを表現しようとする意図があるのでパラ言語情報に分類される。しかし、年齢や性別のようにふつう本人が意識的にコントロールすることのない声の高さなどの情報は非言語情報に分類される。

それでは、感情はどうであろうか？　悲しいときは涙声になり、腹が立ったときは声を荒らげてしまうが、いちいちどのように表現しようかと考えてやっているわけではない。通常は本人が意識的に特定の感情で話そうと思って話すわけではないから、この定義に従えば非言語情報ということになる。しかし、そうとばかりは言えないこともある。例えば、自分が失敗した試験に友人だけがパスしたときなど、友人に対して「おめでとう」と努めて明るい声で祝福することもあるだろう。悲しみや悔しさに満ちた本心を隠したその声は、陽気で幸せそうな声に聞こえるかもしれない。この場合、話者は意識して感情を表現しているので、パラ言語情報と考えることもできる。つまり感情を取り繕う場合などは、話者は意図的に自分の感情に合うように声を作って話すから、非言語情報ではなくパラ言語情報として考えることもできるということである。

## 感情音声

感情が含まれた音声は感情音声と呼ばれる。杜子春が母親の苦しむ光景を見せられて、こみ上げる感情のままに思わず「お母さん」と言ってしまったのも、感情音声である。

表情から相手の感情を同定するのに比べて、音声だけで相手の感情を特定するのは容易なことではない。音声を用いたこれまでの研究からは、五つの感情——怒り（anger）、軽蔑（contempt）、無関心（indifference）、悲しみ（grief）、愛（love）——は、一次元の尺度上に連続的に並ぶと考えられている。[14] また、感情のこもらない会話音声の場合には、声の高さ（基本周波数で表される）の平均値とその散らばりの大きさ（標準偏差）は直線的な関係（正比例の関係）にあり、この直線的な分布から外れている音声は情動性が強いと考えられている。[15] さらに、多次元尺度構成法（ＭＤＳ）で分析すると、六つの基本感情は二次元心理空間の中に表すことができ、その配置は円環をなす[16]などのことがこれまでの研究で報告されている。ただし、「恐れ」の音声は「悲しみ」や「驚き」の感情音声に混同されやすく、感情音声の中でも「恐れ」の認知成績は悪い。「恐れ」は視覚（表情）において認知成績が悪いが、聴覚（音声）の場合においても認知されにくい。

一方、音声を音響的（物理的）に分析して、音声を特徴づけているパラメータを抽出することを音声分析と言う。感情認知実験に用いた感情音声を音声分析して、感情を適切に表現できるさまざまな基本的要因を検討した結果から、基本周波数（声の高さ）が音声の感情表現を伝えるのに重要な役割を果たしていることがわかっている。これは日常生活においてもよく経験していることである。例えば、幸せなときや嬉しいときには声が上ずって「高い声」になるし、悲しいときには沈んだ「低い声」になる。[17]

これまで、感情音声の認知は正確にできても、それを音響的に区別する「決め手」を見つけることが難しいという矛盾が指摘されてきた。[18] 研究ごとに用いる手法が異なり取り上げる感情も一定ではない。そのため、音声の音響的な側面との対応については限られたことしか調べられていないという指摘もある。[19]

**注**

［1］エクマンら（Ekman & Friesen, 1982）は、偽りの笑顔のことを false smiles (deliberate attempts to appear as if positive emotion is felt when it isn't)（ポジティブな感情ではないのに、あたかもそのように感じているかのように見せようとして意図的に行う試み）のように記述している。
［2］Ekman, Davidson, & Friesen (1990).
［3］Schlosberg (1952, 1954).
『4』Russell (1980).
［5］千葉 (1993).
［6］米谷・瀧上 (1994) は、日米のTVドラマを用いて表情識別実験を行った。
［7］Shigeno (1998); 重野 (1999, 2004a).
［8］Ekman, Friesen, & Ellsworth (1972).
［9］芥川龍之介集 (1920).
［10］Barrett, Mesquita, & Gendron (2011).

[11] エクマンら（Ekman, Friesen, & Simons, 1985）は、ハッとすること（startle）は感情（emotion）ではなく反射（reflex）と見なされると述べている。
[12] Jack, Blais, Scheepers, Schyns, & Caldara (2009).
[13] 藤崎 (2005).
[14] Dawes & Kramer (1966).
[15] 宇津木 (1993).
[16] 重野 (2004a).
[17] 重野 (2004b).
[18] Scherer (1986).
[19] Murray & Arnott (1993).

---

図2・1の正解は左側が本物の笑顔（デュシェンヌの微笑）。

# 第3章 文化に影響される感情の認知

表情や声の調子によって感情をどれくらいはっきりと表すのか、そして相手の感情をどれくらい正確に認知することができるのかについては、感情を表出する側と認知する側のそれぞれが属する文化から大きな影響を受けていることが、これまでの研究から明らかにされている。さらに、「笑顔で悲しみを隠す」などのように、表情と感情音声の間で矛盾がある場合には、感情の表し方や認知の正確さだけではなく、その矛盾をどのように統合するのかについても、文化的あるいは言語的な面から影響を受けることが指摘されている[1]。

## 内集団優位性と外集団優位性

感情を表す人とそれを認知する人が、同じ文化的背景をもつグループのメンバーである方が、異なる文化的背景をもつ別々のグループのメンバーであるよりも、表情の認知はより正確に行われやすい。例えば、エルフェンバインとアンバディ[2]は、感情を表出する人と認知する人の文化的な関係が同一である場合と異なる場合について、感情認知についてのメタ分析を行った。その結果、同一国民、同一民族、同一地域のグループメンバーが互いに感情の表出や認知をする場合には、そうでない場合（異なる国民、異なる民族、異なるグループ間）よりも、より正確に感情を認知することがわかった。このことは、同一グループ内においての方が感情認知をより良くできることを示しており、「内集団優位性（イングループ・アドバンテージ）」と呼ばれる。

内集団優位性と正反対なのが、「外集団優位性（アウトグループ・アドバンテージ）」である。これは、同一グループのメンバー同士よりも異なるグループのメンバー同士の方が、より正確に表出された感情を言い当てられる現象を指す[3]。ところで、表情の認知には内集団優位性が生じやすく外集団優位性は生じにくいと一般的に考えられている。しかし、なぜ内集団優位性が生じやすく外集団優位性が生じにくいのかについては、表示規則の違いが要因の一つとして挙げられるが、それ以外の要因についてはまだあまりよくわかっていない。考えられることの一つとして、メンバーが属する文化の中で個人のパーソナリティ（文化的アイデンティティ）が形成され、それが話者と聞き手の関係にもかかわってくるのではないかということが挙げられる。例えば、私たち日本人は相手が日本人なら、表出された感情を認知するのにそれほど苦労はしない。もともと感情認知には内集団優位性が生じやすいが、日本人は周りの空気に敏感で気配りをよく行い、わずかな感情の起伏でも逃さずに理解しようとするからである。

気配りができない人はＫＹ（空気が読めない）と言われ、周りの人たちからややもすると浮いてしまいがちになる。第１章で書いたように、英語ではＫＹを表す語はない。つまりＫＹという言葉があること自体が、日本人がそれだけ周りの空気を気にしているということを表していると考えられる。欧米人は一般に周りの人のことはそれほどには気にしないから、ＫＹという言葉も存在しないと考えられる。

気配りすることが日本社会の中で生きていくうえで必要なことは、１９８２年に当時ＮＨＫアナウンサーだった鈴木健二氏が『気くばりのすすめ』という本を出版して、ベストセラーになったことからもうかがえる。ほとんどの日本人が、もっと気配りしなくてはと気にしていたのかもしれない。相手は本心をいつも話すとは限らないので、空気を読むためには周りのいろいろな情報をキャッチしなくてはならない。おまけに、本心とは逆の言葉を発する場合もあるから、言われた言葉をそのまま鵜呑みにすることもできない。（「よくやったね」と褒めておきながら、「どうせ親の七光りでしょ」と内心は過小評価しているかもしれない。）

## 周りの目を気にする日本人［4］

他人からどう見られているのかをいつも気にしている日本人は、外国からどう見られているのかも、とても気になるようである。何か大きな事件があったとき、「外国の○○TVや△△新聞では斯々然々《かくかくしかじか》のように伝えられた」というようなニュースがテレビや新聞などでたびたび報道される。そこで同様のことが外国でもあるのかどうか、実験に参加してもらった外国人たちに母国での様子を尋ねてみたところ、ほとんどの人が母国ではそのようなニュースが流れたことはないと言った。なぜ日本人は、事件とは直接関係のない遠く離れた外国メディアの報道が気になるのだろうか？

周囲の目をいつも気にして、自分がどう評価されているのか、どれくらい好かれている（嫌われている）のかに神経をとがらしている人が、日本人には多いようである。できれば好かれたり嫌われたりするよりも、目立たない方が安心である。そのために、他人と選別化されることを避け、目立たないように、浮かないようにと気を配る人も少なくない。これは今から30数年以上も前、バブル景気が始まった頃の１９８６年に「日本有線大賞－特別賞」を受賞した歌謡曲で詠われている生き方に似ている。

『時代おくれ』（1986）（作詞：阿久悠、作曲：森田公一）

一日二杯の酒を飲み
さかなは特にこだわらず
マイクが来たなら微笑んで
十八番を一つ歌うだけ
妻には涙を見せないで
子供に愚痴をきかせずに
男の嘆きはほろ酔いで
酒場の隅に置いて行く
目立たぬようにはしゃがぬように
似合わぬことは無理をせず
人の心を見つめ続ける
時代おくれの男になりたい

もう一つ別の例を挙げよう。1987年に放送されたNHKドラマスペシャル『絆』というドラマの中で、受験のためにアメリカから帰国した中学生の少年が、クラスメートからいじめを受けるシーンがある。その中に、主人公の少年がクラスメートから、「あいつは、顔は日本人だけど、日本人じゃない」と言われる場面がある。「日本人だけど、日本人じゃない」は一見矛盾する言葉であるが、これはまさに感情認知における内集団優位性を表していると言えるだろう。つまり日本文化における規範が共有されることこそが日本人なのであり、見目形ではないということである。

このドラマの中で、主人公の少年は日本に来て初めて学校で自己紹介をした。そのとき、流暢な英語でやってしまった。アメリカでは謙遜したり、本当はできるのにできないふりをしたりする必要はなく、自己をアピールしてよかったからである。しかし、「日本人」であれば、そのようなことをすれば目立ってしまうし、ペラペラの英語を聞いたクラスメートが決して良い感情をもたないことは直感的にわかるから、まずそのようなことはしない。当人にはその気がなくても、「自慢している」と受け取られるだろうし、英語をうまく話せない者は劣等感を味わうだろうと考え、とにかく「謙虚に」「目立たぬように」と安全路線を取ろうとする。

学校生活では、皆と同じであった方が良いと考えるあまり、授業中に先生からあてられたとき、できるのにできないふりをしたり、テストでわざと悪い点を取るために間違った答えを書いたりする生徒が少なからずいることも、現実のことである。涙ぐましいほどに常に周りを気にして言いたいことも言わずに、本心と違っていても周りに同調する。大人が日常的にやっていることとほとんど変わらないことを、子どもたちだってやっているのだ。このドラマは「日本人の心の内にある閉鎖性の問題を考える」と紹介されていたが[5]、閉鎖性の向こうにはさまざまな思いが渦巻いているのであり、軽々しくそこに踏み込むのはとても危険なことのように思われる。日本文化の中で育った日本人であれば、そのようなことは十分にわかっているに違いない[6]。

## 集団の圧力――同調

集団の中で孤立したくないという思いは、程度の差はあるにせよ日本人だけに限ったことではない。集団の中で自分ひとりが別行動をとるのは難しく、集団の圧力によって判断が揺らいでしまうことは、アッシュの古典的研究でよく知られている[7]。

## アッシュの実験

集団にはその集団に独特の考え方や行動様式があり、集団規範と呼ばれる。集団規範はメンバーの考え方や行動のよりどころとなる基準を示し、集団メンバーとしての行動の許容範囲を決定するはたらきがある。もし行動規範から逸脱した行動をとるメンバーがいれば、集団目標の達成や集団としてのまとまりを維持するために、集団規範に合った行動をとるように集団から圧力が加えられる。集団の圧力などによって、メンバーがそれまでもっていた考え方や行動などを集団内のそれに合うように変えることを同調行動と言う。同調行動は集団のまとまりの程度が高いほどとられやすい。

アッシュの実験では、大学生を小人数グループに分け、図3・1に示すような標準刺激と長さの等しい線分を、3本の比較刺激の線分から選ばせて、一人一人順に答えさせた。実験は数名で行うが、実は被験者は一名だけで、メンバーの残りはすべてサクラであった。被験者が最後に答えるように決めておき、サクラは実験の始めでは正しく答え、次からはわざと間違って答えるように指示されていた。被験者は自分以外のメンバーがサクラであることを知らないので、初めのうちはサクラが誤った答えをするのを見て驚き、正しい答えを言うべきか、それとも周りからの無言の圧力に屈して自分も他者が選ぶ線分を答えるべきか迷い、ジレンマに陥った。しかし、毎回自分以外の集団メンバーが全員同じ誤

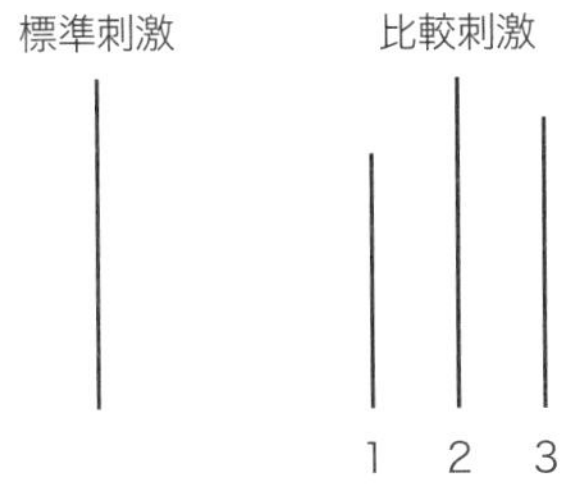


**図３・１　アッシュの実験で用いられた線分の例**（Asch, 1951）

答をするのを知ると、正しいと確信していても被験者は次第に正答を維持することができなくなり、サクラと同じ誤った答えをするようになった。結果として、被験者の多くが多数の考えに従おうとした。人は一人では集団の意見に敏感になり、特に全員一致の場合には逆らうことが非常に難しくなることがわかった。しかしその一方で、この実験では個人差も大きく、多数の考えに影響されない被験者もいれば、ほとんどいつも多数と同じ反応をする被験者もいることがわかった。

線分の長さという物理的・客観的に「動かせない事実」においてさえ同調が生じることを考えると、多数の中で他の人たちとは異なる自分の考えを述べるような、主観にもとづく行動をとることは、どれほど難しいことであろうか？　自分の考えや意見を貫くことは大切なことだが、たいへん勇気のいることでもある。

## 周りの意見で味覚までも変わってしまう

アッシュの実験は線分の長さを答えるというものであった。しかし、線分の長さのような知覚判断が求められるものではない場合、例えば、もっと低次レベルの感覚反応をそのまま答えるような場合にも、多数の意見によって影響されたり変容したりするのだろうか？　味覚について調べた実験を次に紹介する。[8]

実験は3人一組で行われた。サクラ2名に被験者1名からなる一つのグループが作られた。サクラは被験者よりも多数ではあるがアッシュの実験よりは少ないので、集団の圧力はずっと小さいことが予想できる。また、判断は口頭ではなく紙に書くようにしてあり、答える際に感じるだろうサクラからの圧力も小さくなるようにした。実験の目的は、チョコレートの甘さを感じる程度が同調によって変化するかどうかを調べることであった。「おいしそう」とか「まずそう」のように食べ物の見た目の評価をする場合は、線分の長さ判断の場合と同様に、他人の意見によって同調行動が生じることもありそうに思われる。しかし、味の感覚（甘味、酸味、塩味、苦味、うま味など）は食べた本人が感じるものだから、甘いものは甘いと感じるだろうし苦いものは苦いと感じるのではないかと予想していた。しかし、実験結果はこの予想を覆すものだった。手続きは以下のとおりである。

あらかじめボンボネッティのダークアーモンドチョコレートとポピーズのキャラメル

クッキーを用いて予備実験を行い、どちらの方が他人の意見に左右されやすいかを調べたところ、クッキーの方が左右されやすいことがわかったので、これを刺激として用いることにした。

実験参加者は30名の女子大学生（20〜22歳）であった。サクラあり群に15名、サクラなし群に15名を割り当てた。実験刺激に用いるキャラメルクッキーを食べたことがないことは、あらかじめ確認しておいた。サクラは2名の女子大生にお願いした。

実験では、何も知らない被験者1名とサクラ2名が机を囲んで丸くなるように座り、その様子をビデオカメラで撮影した。クッキーを食べる時間は1分間とし、その後で味についてのアンケートに記入してもらった（5件法）。サクラあり群ではサクラはクッキーを食べながら「甘い」「しっとりしている」などと褒め、サクラなし群では無言のまま食べた。

実験後、六つの質問項目のうち「甘い」「まろやか」「しっとり」の三項目の評定値を得点化して（1〜5点）、それぞれの平均値を求めた（図3・2）。

サクラが「甘い」「しっとりしている」という発言をした場合には、クッキーに対する味の評価はそれぞれ高くなっており、サクラのこうした発言が被験者の判断に影響を与えたことがわかった。五感の一つである味覚においても、他者の意見に左右されてしまうこ

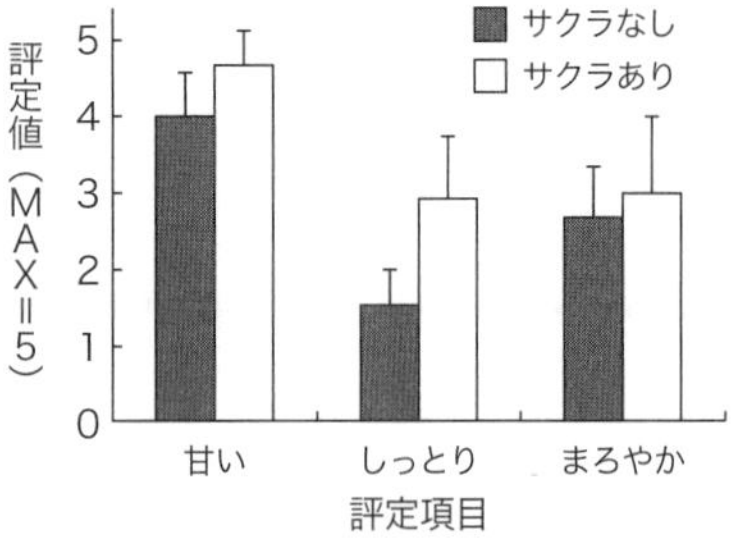

**図3・2　味の評価**（前馬, 2015）

とが示された。

アッシュの研究ではサクラの人数が3名になるとその効果は十分現れることが示されていたが、今回の実験ではサクラの人数は2名であった。それでも、十分に同調の生じることが示された。なお、今回の実験ではサクラ・被験者とも全員が女子大学生であったが、高校生と大学生を対象にして行った同調についての研究によると、男性には自己優位の傾向があり、他者への配慮よりも自己追求が優先的であるのに対して、女性の場合は他者優位の傾向があり、自己の追求よりも他者との関係性の保持が優先的であると考えられている[9]。今回の実験では、サクラも被験者も全員が女性であったことにより、同調の程度が大きくなったとも考えられる。

あるいは、今回の実験ではサクラの人数が2名と少なかったため、被験者の行動は集団の圧力によって同調したというよりも、単に他人の意見に左右されたと考える方が妥当かもしれない。もしそうならば、日本の女子大生は食べ物の味を判断する際にも、他人の意見を判断の基準にする傾向があると言える。

## 感情を見せない日本人

欧米人に比べると、日本人の気配りは半端ではなく常に周りの人の目を気にしている。エクマンら[10]は、強烈なストレスを感じる映画を鑑賞する場合、日本人とアメリカ人の反応はどのように異なるかを比較した。その結果、日本人もアメリカ人も一人だけで映画を見たときは、ともに嫌悪・悲しみ・怒り・恐怖の表情を浮かべたが、上司と一緒のときには、日本人とアメリカ人の間にははっきりとした違いがあった。上司と一緒の場合、アメリカ人は一人で映画を見たときと同じ表情を浮かべたが、日本人はまったく表情を変えないか微笑みすら浮かべた。上司が近くにいるというだけで、日本人の表情表出は一変したというのである。

日本人は誰かがそばにいると、その人との関係を考えながら感情を見せたり見せなかったりするところがある。感情の表出にも気配りを大切にしている。

## 感情の表出と認知の関係、そして文化による違い

一般に、感情表出が明瞭でない民族は相手の感情を認知する能力が低いという事実から、表出の程度が小さいことは認知能力を低下させると考えられている。それが本当のことなら、日本人は表情の表出が控えめであるから、相手の感情に鈍感であるということになる。しかし、これまで見てきたように、日本人は相手の表情に鈍感どころか過剰とも言えるほど相手の感情を敏感に察知し気配りしている。ということは、このような考えが出てくるもととなっている研究に問題があるのではないだろうか？　長い間、感情認知研究は表情写真を用いて行われてきたが、何か他の手段を用いて研究すれば、日本人の感情表出の本当のところを知ることができるのではないか？　１９９０年代の半ば頃にそう考えて、まずは日本人とアメリカ人の間で感情認知の比較をしようと考えて、感情音声や動画を用いて認知実験を始めた。次にその中からいくつかの実験を紹介する。[11]

それまでの文化間比較の研究では、文字通りの文化間比較を行うものがほとんどであった。つまり話者と聞き手は同じ文化の人同士という前提のもとに、「日本人は…、アメリカ人は…」や「日本（文化）では…アメリカ（文化）では…」のように、文化ごとに、そこに暮らす人々の感情の表し方や認知行動の特徴を比較していた。しかし、「世界の中の日本」を考えるとき、「日本人がアメリカ人を見たとき」「アメリカ人が日本人の

話す声を聞いたとき」のような、異なる文化の人同士がコミュニケーションをする場合についても検討してみる必要があると考えた。近年、外国人の来日数は急激に増加している。互いの文化や国民性を知る機会はもちろん、異なる国や文化に属する人々とコミュニケーションをする機会も増大するばかりだ。

最初に行った実験では、ある表情の映像に映像とは別の感情の音声をダビングした。こうすることによって、表情と声の調子が矛盾する刺激を作成することができる。まず、日本人とアメリカ人のプロの俳優にいろいろな感情を表情や音声で表現してもらい、映像と音声を別々に収録した。次に、ある感情の映像に同じ話者の別の感情の音声をダビングした。その際、条件を統一するために、表情と声の調子が一致する場合であっても映像の上にその音声をダビングしてのせた。こうして、表情と音声の感情が一致している場合と矛盾している場合を作成し、それぞれ認知実験を行い、成績を比較した。

実験はビデオを日本人やアメリカ人の被験者に見せて、話者の感情は何であるかを答えてもらうというものであった。刺激語は、日本人話者の場合は「11時半」「河原崎さん」「さようなら」「そうですか」、アメリカ人話者の場合は"New York" "Rio de Janeiro" "Margaret" "Saturday"であった。提示条件は、音声のみ・表情のみ・音声＋表情、の三条件であった。それぞれ、日本人母語者／アメリカ人母語者の被験者に対して、日本人母語者／アメリカ人母語者の話者のビデオ映像や音声を提示した。（2×2の4条件になる）。

このような実験を行ったことによって、日本人とアメリカ人の感情行動についてさまざまなことが明らかになった。まず、表情と声の調子が一致している場合について、音声だけを聞かせた場合（音声のみ条件）と表情だけを見せた場合（表情のみ条件）における日本人とアメリカ人の認知の違いを見てみよう。

## 感情音声の認知における文化差——日本人とアメリカ人

音声のみ条件では、図3・3のような結果が得られた。他の感情と混同されやすい「恐れ」以外は、話者と聞き手が同じ文化に属している場合（日本人同士やアメリカ人同士）の方が正答率は高い傾向にあり、この傾向は日本人話者の方が顕著であった。このことは、同じ文化を共有している人同士の方が相手の感情を認知しやすいという内集団優位性が生じていることを示している。

さらに反応結果をMDS（多次元尺度構成法）により分析して、二次元心理空間の中に各感情を配置してみた（図3・4）。この図は、二つの感情間の距離が小さいほど類似の感情に認知されやすく、感情間の距離が大きいほど二つの感情は似ていないと認知されや

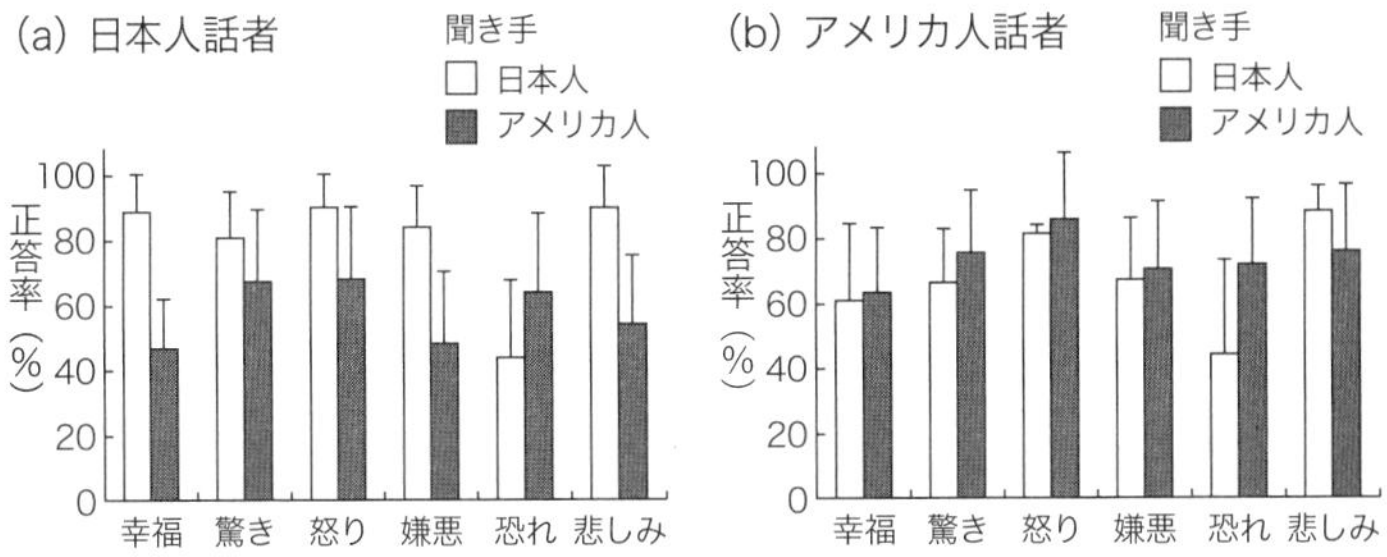


**図３・３　音声による感情認知の実験結果**（重野, 2004）

白棒は日本人が聞き手である場合の結果、黒棒はアメリカ人が聞き手である場合の結果である。話者が日本人である左のグラフでは、全体的に白棒の方が黒棒よりも正答率が高く、日本人の聞き手にとっては、日本人話者の感情をアメリカ人話者の感情よりも、より正確に聞き取っていることがわかる。反対に、右のグラフでは、黒棒の方が白棒よりも正答率が高く、アメリカ人の聞き手にとっては、アメリカ人話者の感情を日本人話者の感情よりも、より正確に言い当てられることを示している。

すいことを示している。また、二つの感情が円環の反対側に位置している場合は、正反対に近い感情として認知されることを示している。左側の二つの図は日本人話者の結果であるが、六つの感情が円形に並んで配置されている。一方、右側の二つの図はアメリカ人話者の結果であり、六つの感情がほぼ三つのカテゴリーにしか分かれていないことがわかる。この傾向は、聞き手が日本人の場合もアメリカ人の場合も共通している。つまり日本人話者の方が音声による感情表出をよりきめ細かく行うことができ、その結果、聞き手が日本人でもアメリカ人でもより細かく識別できることを示している。これに対して、アメリカ人話者は感情表出が大雑把であるため、聞き手が日

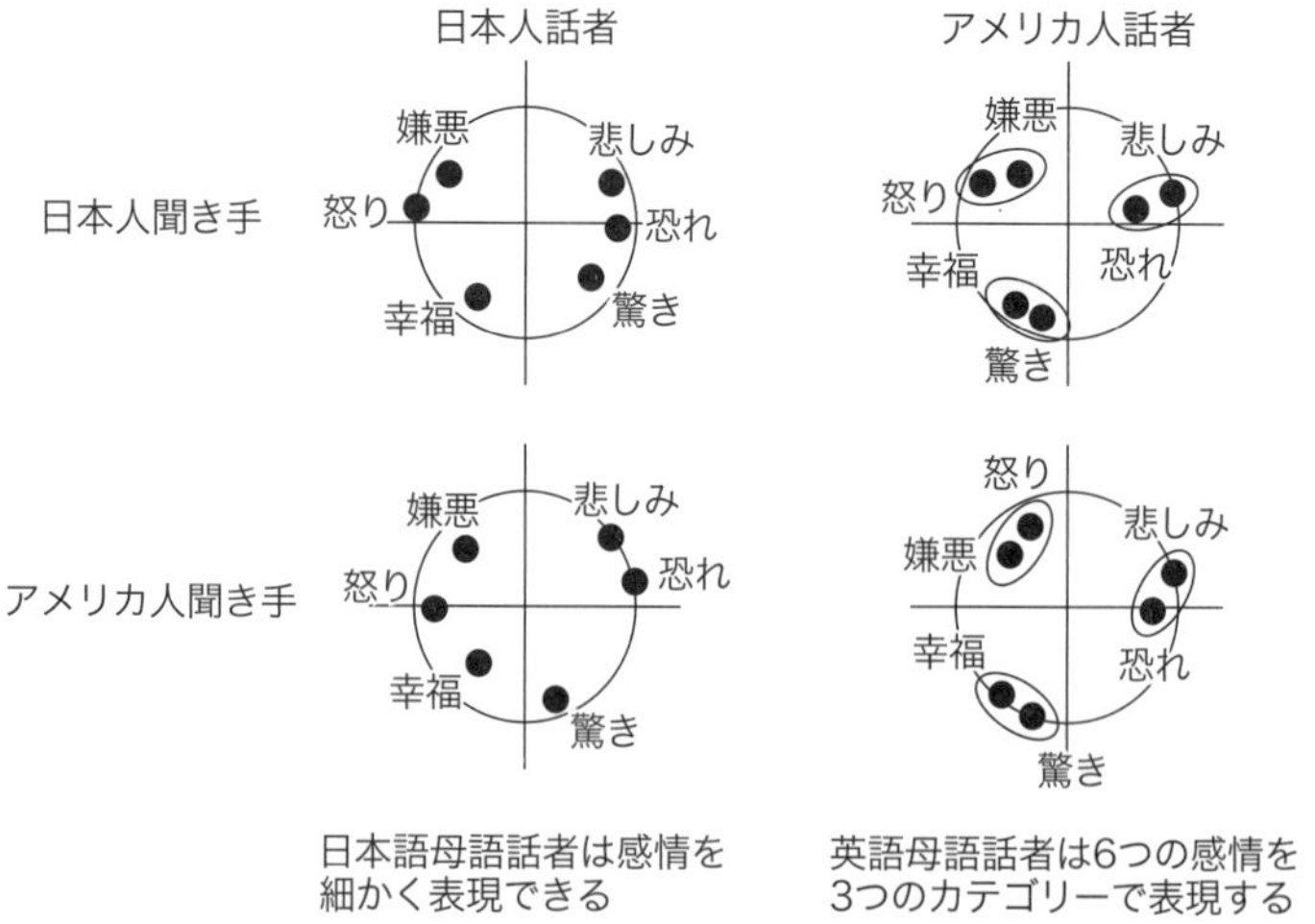


**図3・4　日本人話者とアメリカ人話者の基本感情の空間配置（音声のみ条件）**

（重野, 2004を改変）

MDSにより配置された感情の配置が日本人話者とアメリカ人話者の間で異なり、感情表出構造が異なることを示している。

本人でもアメリカ人でもほぼ三つのカテゴリーにしか識別できないことを示している。

表情のみ条件の結果（後述）と比較したところ、日本人は表情だけではなく感情のこもった音声に関しても、かなりの程度で感情を識別することができるのに対して、アメリカ人は表情の識別はよくできるが、声の感情については大雑把な分類でしか表出も識別もできないことがわかった。やはり、日本人は「音」に対する感受性が鋭敏であると言えるだろう。

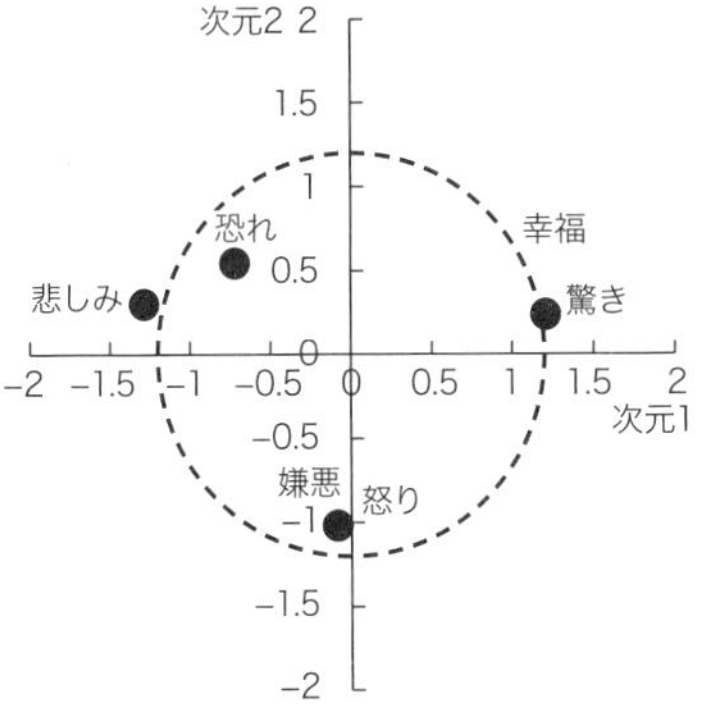


**図3・5　日本人の聞き手がアメリカ人話者の感情音声を認知したときの感情の配置**
（重野, 2003より改変）

もともとアメリカ人は、自分の考えを表明することに対して躊躇しない。したがって、「音声の感情」によって言葉とは裏腹な本心を伝えようとすることも少ないと考えられる。つまりアメリカ人は自分の考えを表明するときに、日本人のような繊細な気配りをしないので、音声の感情を繊細に使い分ける必要もないのかもしれない。このような違いをもたらすのは、それぞれの文化における表示規則の違いによるところが大きく、感情表出と認知の問題には文化の影響が色濃く反映されていると考えられる。この点については第4章で再び取り上げる。

音声に込められた感情の認知については、話者と被験者を替えて行ったその後の追加実験においても、同様の結果を得ている。[12] この追加実験では用いた言葉は5個の米語（New York, Rio de Janeiro, Margaret, Saturday, Is that so?) とし、これらを六つの感情（幸福、驚き、怒り、嫌悪、恐れ、悲しみ）で表現した刺激を用いた。図3・5は、30代のアメリカ人俳優3名の感情音声を、日本人の聞き手10名が感情ごとに10回ずつ繰り返し聞いたときの結果であり、二次元心理空間上に感情を配置したものである。話者と聞き手の条件を変えても、先の実験と同様の結果が得られている。

## 明瞭な表情なら文化差は見られない

表情のみ条件では、図3・6のような結果が得られた。日本人話者の場合（左側の2本の棒グラフ）では、日本人被験者（白棒）の方がアメリカ人被験者（黒棒）よりも正答率が高いが、アメリカ人話者の場合（右側の2本の棒グラフ）では、日本人被験者とアメリカ人被験者の間にあまり差はない。つまり表情の認知においては、内集団優位性がいつも認められるとは限らず、表情が明瞭なアメリカ人話者の場合には、被験者が日本人でもアメリカ人でも感情の同定率は高くなることがわかった。次に、左右の間で日本人同士（白棒）、アメリカ人同士（黒棒）を比較すると、右側の黒棒の方が左側の黒棒よりも正答率は高く、確かに内集団優位性が認められる。しかし、日本人同士の場合には左側の白棒よ

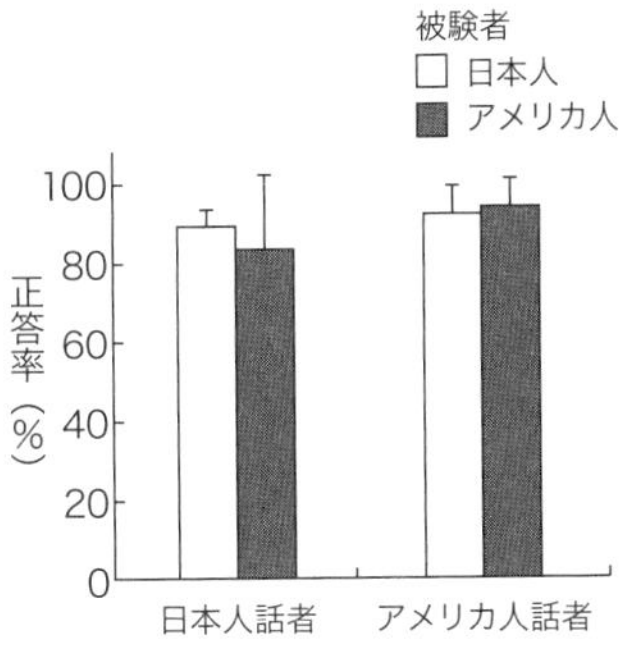


**図３・６　表情のみから感情を判断した場合の結果**

（Shigeno, 1998を改変）

ビデオ映像の表情だけを見た場合、話者の感情をどれくらい正確に識別できるかを示したグラフ。

りも右側の白棒（日本人被験者がアメリカ人話者の感情を同定した場合）の方が逆に正答率がわずかだが高くなっており、外集団優位性が認められる。結局、話者と被験者の関係が同文化であるか異文化であるかにかかわらず、表情が明瞭な話者の方が感情を認知されやすく、文化の違いによる影響はあまり受けないことが示された。この表情についての結果は、内集団優位性が明瞭であった感情音声の場合とは大きく異なる特徴を表している。

ここまでは、表情と音声の感情が一致している場合に、音声だけを聞かせたときと表情だけを見せたときの、日本人とアメリカ人の間の比較であった。次項では、表情と音声の感情が矛盾している場合の比較を取り上げる。

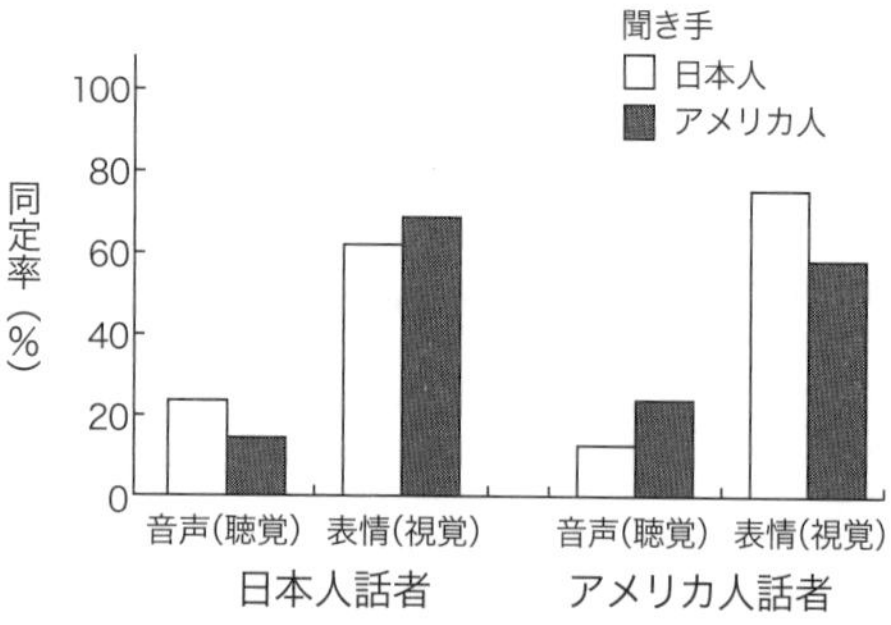


**図３・７　表情と感情音声が不一致な場合の正答率**（Shigeno, 1998を改変）

## 顔で笑って声で泣く

表情と音声の感情が矛盾しているとき、例えば、顔の表情は幸福なのに声は悲しみを表しているときには、表情と音声のどちらの感情が話者の感情として認知されるのだろうか？　そしてその結果は話者と聞き手の文化的背景の違いによる影響を受けるのだろうか？

図３・７は、話者の表情と音声の感情が不一致の（つまり矛盾している）場合、聞き手（被験者）が話者の感情を表情と声の調子のどちらの方に同定したかを表している。話者が日本人の場合もアメリカ人の場合も、表情（視覚）の感情に同定する方が音声（聴覚）の感情に同定するよりも同定率は高かった。そして特徴的なのは、日本人話者もアメリカ人話者も感情音声については同じ文化の聞き手による場合はより高い割合で同定されているのに対して、表情については異文化の聞き手の方が同定率は高いという点である。この

ことは、表情（視覚）と感情音声（聴覚）の間で表出された感情が異なる（矛盾している）場合、感情音声の認知には内集団優位性が生じるのに対して、表情の認知には外集団優位性が生じる傾向を示している。

もう少し詳しく、感情の種類ごとに違いがあるかどうかを調べたところ、ほとんどの感情の組み合わせにおいて、日本人被験者もアメリカ人被験者も、話者の表情の方を話者の感情として認知することがわかった。しかし、顔が笑っていて声が嫌がっている場合には、アメリカ人被験者は、「喜んでいる」のようにやはり表情の方を話者の感情として認知するのに対して、日本人被験者は、「嫌がっている」のように声の感情の方を話者の感情として認知する割合が多かった。このように、日本人被験者の場合は、表情と声の感情の組み合わせによっては、むしろ音声の感情の方を話者の感情として認知する場合もあることがわかった。

表情と音声の感情が矛盾している場合には、「顔で笑って声で泣く」ような行動を日常的に行うことの多い日本人は、話者の声の感情から「本心」を見抜く能力においても長けているのかもしれない。

**注**

［1］例えば、De Gelder & Vroomen (2000); Grossman et al. (2013); Li & Dang (2009); Shigeno (1998) など。

［2］Elfenbein & Ambady (2002).

［3］例えば、Beaupré & Hess (2005).

［4］もちろん、周りの目を気にせず欧米人よりもオープンな日本人もいる。何事についても個人差はある。しかし、そういう人たちも含めて、文化や社会的規範や表示規則は形成されたものとここでは考える。

［5］https://www.nhk.or.jp/archives/kyoiku/library_t.html の中で、次のようにあらすじが紹介されている。

受験のため中学生の友也（野村祐人）が一人アメリカから帰国した。転校先の中学校長に会ったときも堂々と自分の意見を述べる友也に、警察を定年退職した後、近所の子どもたちに柔道や剣道を教えながら年金暮らしをする猪口克平（若山富三郎）は好感を寄せ、孫の教育に情熱を注ぐつもりになっていた。ところが、予想もしない方向に事態は展開していった。転校初日、英語で自己紹介した友也に級友たちの反応は冷たく、ヘンジャパ（変な日本人）とはやしたて、友也に対する「いやがらせ」が始まった。

明朗活発な中学生と家族（祖父母）が学園生活の中で苦闘する姿、初々しい少年の心が社会の閉鎖性の中で、傷ついていく様を通して、現在の教育、あるいは日本人の心の内にある閉鎖性の問題を考える。

［6］先日、実験に参加してもらっているアメリカ人の留学生に授業の様子を聞いたところ、「周りがうるさくて先生の声が聞こえないとき、アメリカの大学にいたときだったら、しゃべっているクラスメートに直接、『話をするのを止めてくれない？』と言うけれど、日本人のクラスメートは絶対にそんなことは言わない。うるさくても黙って我慢をしている」と言い、「そのような日本人学生

の態度は大きな驚きだった」と話していた。同様の話は、アメリカからの留学生と話をしているとしばしば耳にすることである。

［7］Asch (1951).
［8］この実験は、私の研究室のゼミ生が行ったものである（前馬, 2015）。
［9］中塚・清重 (2008).
［10］Ekman et al (1987).
［11］Shigeno (2009) (2010),
［12］重野 (2003).

# 第4章 声に表れる本心

ちょっと想像してみてほしい。友人と二人で、入学試験の合格発表を見に行ったとしよう。彼は不合格であなただけが合格していたとしたら……。友人はきっとこう言うだろう。「おめでとう。よかったね。」しかし、それは友人が精一杯に振り絞って言った言葉である。そのことにあなたはすぐに気がつき、友人の心中を思いやってその言葉を受け止めようとするだろう。そしてどんな言葉を返すだろうか。嬉しそうに？　悲しそうに？　つまらなそうに？　もしあなたがＫＹでなかったら、きっとこんなふうに対応するのではないだろうか。

（嬉しくなさそうな顔をしながら）「君と一緒でなきゃ、ちっとも嬉しくないよ。」しかし、こう言いながらもあなたは合格した喜びがこみ上げてきて、早く家に帰って家族に伝えたいと思い、すぐにその場を離れたいと思うかもしれない。つまり、そのときのあなたは、自分が思っていることとは矛盾した言葉を口から出してしまうかもしれない。

なぜ矛盾するような言葉をかけてしまうかと言えば、これまで仲良くともに励ましあってきた友人との関係が壊れてしまうのではないかと、何となく不安に感じているからである。しばらくの間は互いに心にもないことを言い合って、気まずい空気が二人の間に漂うかもしれない。もちろん、友人は本当にあなたの合格を喜んでいるかもしれないし、あなたも心から嬉しくないと感じているという場合もあるだろう。しかし、友人は自分の今後を考えて落胆しているだろうし、あなたも合格できてホッとしている気持ちが少しはあるだろう。

私たちは日常、言葉だけではなく表情や音声や身振りなどを使って、コミュニケーション行動を行っている。電話でのやり取りや顔面神経麻痺で表情の表出が難しい場合などには、声で感情を表すことが主な手段となり、音声による感情伝達の重要性は一層大きくなる。しかし、表情に表れた感情がわかりやすいのに対して、声で表された感情は言い当てるのがとても難しい。そして、どのような声の特徴によって感情の種類や強さが決まるのかについても、まだあまりよくわかっていない[1]。

# 通信用カード

■このはがきを，小社への通信または小社刊行書の御注文に御利用下さい。このはがきを御利用になれば，より早く，より確実に御入手できると存じます。
■お名前は早速，読者名簿に登録，折にふれて新刊のお知らせ・配本の御案内などをさしあげたいと存じます。

お読み下さった本の書名

通 信 欄

## 新規購入申込書 お買いつけの小売書店名を必ず御記入下さい。

| | | |
|---|---|---|
| (書名) | (定価) ¥ | (部数) 部 |
| (書名) | (定価) ¥ | (部数) 部 |

(ふりがな)
ご 氏 名 ご職業 ( 歳)

〒 Tel.
ご 住 所

e-mail アドレス

| | | |
|---|---|---|
| ご指定書店名 | 取次 | この欄は書店又は当社で記入します。 |
| 書店の住 所 | | |

郵便はがき

恐縮ですが、
切手をお貼り
下さい。

101-0051

（受取人）

東京都千代田区神田神保町三―九
幸保ビル

新曜社営業部行

通信欄

## 声だけで感情を認知するのは難しい

何をしゃべっているのかを伝える言語情報はとても重要だが、話し手がどのような気持ちで話しているのかを知ることは、日常の会話においてはもっと重要なことと言えるだろう。この章の冒頭で挙げた合格発表の場面では、まさに「何を」言っているかよりも「どのように」言ったかの方が重要になる。そうでないと「ちっとも嬉しくない」というあなたの言葉がとってつけたような響きをもち、かえって友人関係を壊しかねない。「あなたから同情なんかされたくない」と、友人に思わせてしまうかもしれないからだ。

このような話し手の感情に関する情報（情緒性情報）や、話し手が誰なのか／どのような人物なのかに関する情報（個人性情報）も、音声の中に含まれている。受験に失敗した友人の「おめでとう」の言葉の中には、悔しさや羨ましさが込められているかもしれない。その時々の状況に左右される、微妙なニュアンスの違いを感じ取ることは難しいことだが、とても大切なことである。

## 声の調子から相手の感情を知る

相手の感情を理解しようとするとき、まずは「何と言っているか」、つまり言葉の意味や内容を手がかりにする。例えば、相手から「おめでとう」と言われれば、相手も自分の成功を一緒になって喜んでくれていると思うし、「嘘つき！」と言われれば、相手は自分に腹を立てていると思う。実際、たいていは「おめでとう」は嬉しそうに、「嘘つき！」は怒った調子で言われる。そして相手の口からこうした言葉が感情を込めて言われると、言葉の意味以上に胸に響くものがある。（いったい本当の気持ちが表れるのは、口に出している言葉なのか、それともその言葉を言っている声の調子なのか？）話し相手が発した言葉は、相手の気持ちを理解する直接の手がかりになるが、話し手の声の調子の方が、実は言葉以上に話し手の本当の気持ちを表している場合が多い。

表情と声のどちらの方が本心を表すかについては、第2章や第3章で実験例を紹介した。その中で、相手の感情は表情だけでも言い当てやすいが、音声だけだと言い当てることは難しいと述べた。しかし、対人場面において音声による感情認知をさらに難しくさせているのは、言っている内容（言葉の意味）とそれを言っている人の声の調子が矛盾して

**図4・1　言葉の文字通りの意味がもつ感情と音声の感情の不一致**

通常、人は「おめでとう」という言葉から、話者はポジティブな感情状態にあることを認知する。したがって、矛盾した「音声の感情」（悲しみや怒り）を込めて、「おめでとう」と言われた場合には、話者の本心はいったい何であるのかを推測しなくてはならない。

いる場合が少なからずあるという事実である。つまり「顔の表情」と「声の感情」の不一致は当然、話者の感情を判断するのを難しくさせるが、実はもっと厄介なのは、言葉自体に含まれる感情、すなわち「言葉の文字通りの意味が表している感情」とそれを話す人の声の感情、すなわち「声の調子」が一致しない場合なのである。

しかし、日常生活を振り返ってみると、実は、話者が「本心をしゃべらない」場合は少なくないし、聞き手も相手の言葉を額面通りには受け取らないことが往々にしてある。いったい私たちは何を信じて、相手とコミュニケーションをとればよいのか？　話し手にせよ聞き手にせよ、感情の表出や認知には属している文化からの影響を強く受けている。したがって、この答えを見つけるには、コミュニケーション相手の文化を理解することが重要である。

## 高コンテクスト文化と低コンテクスト文化

ホールは[2]西洋の文化や言語では、言葉の意味によってより多くの情報が伝達され、意味を手がかりにして相手の感情が認知されやすいと考えた。一方で、そのような文化や言語においては、言葉に込められた感情などのコンテクスト（文脈）はあまり重視されない。そこで西洋文化を「低コンテクスト文化」と呼び、欧米の言語を「低コンテクスト言語」と呼んだ。例としては、北米の文化や英語が挙げられる。

対照的に、東アジアの文化や言語では、相手の感情を理解するのに、コンテクストや非言語的手がかりをより重視することによってより多くの情報が伝達されると考え、「高コンテクスト文化」、「高コンテクスト言語」と呼んだ。この場合、話し手が「何を言ったか」よりも、「どのように言ったか」というコンテクストが重要であり、そのコンテクストを十分に知ることによって、話し手の感情を理解することできると考えた。例としては、日本文化や日本語が挙げられる[3]。

ここで、コンテクストとは単に文章の流れの中にある、前後の意味的な内容のつながりだけを指すのではなく、何かの刺激を知覚したり認知したり記憶したりする際の、前後に置かれた刺激や、現在・過去などのバックグラウンド、文化などを広く指している。どのような文化や言語の中で生活しているかによって、コンテクストの関与の仕方にも大きな違いがあり、それによって、どのように感情を表出したり認知したりするかについても違ってくる。

この問題を考えるために、その後、高コンテクスト文化と低コンテクスト文化の中で暮らす人々を対象にして、話者の本当の感情がどのように認知されるのかについてストループ実験が行われた。

## ストループ実験でわかったこと[4]

ストループ実験では、二つの異なる刺激属性（例えば、「文字の意味」と「文字の色」）について、そのどちらかの属性について判断を求める。もし二つの刺激属性が異なっている場合には、同じである場合よりも、反応するまでの時間が長くかかってしまう。例えば、被験者に緑色のペンで「赤」と書いた文字を見せ、「文字の色を答えてください」のように求めると、「緑」と正答するまでの回答時間が、緑色で「緑」と書いてある場合よりも長くかかってしまう。これをストループ効果（現象）と言う。

逆の場合、すなわち「文字の表す意味を答えてください」のような課題では、緑色のペンで「赤」と書いた文字に対しては、「赤」と正答するまでの回答時間が、赤色で「赤」と書いてある場合よりも長くかかってしまう。これは逆ストループ効果と呼ばれる。

北山らはストループ実験を行い、感情認知が文化の違いによって異なるかどうかを検討した。その実験では、低コンテクスト文化の中で暮らす英語母語者（以下、アメリカ人と表記）と高コンテクスト文化の中で暮らす日本語母語者（以下、日本人と表記）に対して、それぞれストループ干渉課題を行って、結果を比較した。ただし、通常のストループ実験で用いられる「文字の意味」と「文字の色」という二つの属性ではなく、「言葉の意味」と「音声の感情」という二つの属性を用いた。実験では、二つの属性が一致している場合と、一致していない場合の両方をランダムに提示した。そして、二つの属性のうちのどちらかを答えるように指示して、他方の属性は無視するように求めた。

このストループ実験では、日本人には母語の日本語を、アメリカ人には母語の英語を用いている。図4・2に示すグラフ中の縦棒は、その値が大きいほど妨害の程度が大きいことを表している。図を見ると、アメリカ人に英語を用いて感情判断を求めたときには干渉指数が最大の大きさになっているが、意味判断のときには干渉指数はずっと小さい値になっている。アメリカ人は、音声を聞いて感じる感情とそれとは矛盾した意味の言葉とを

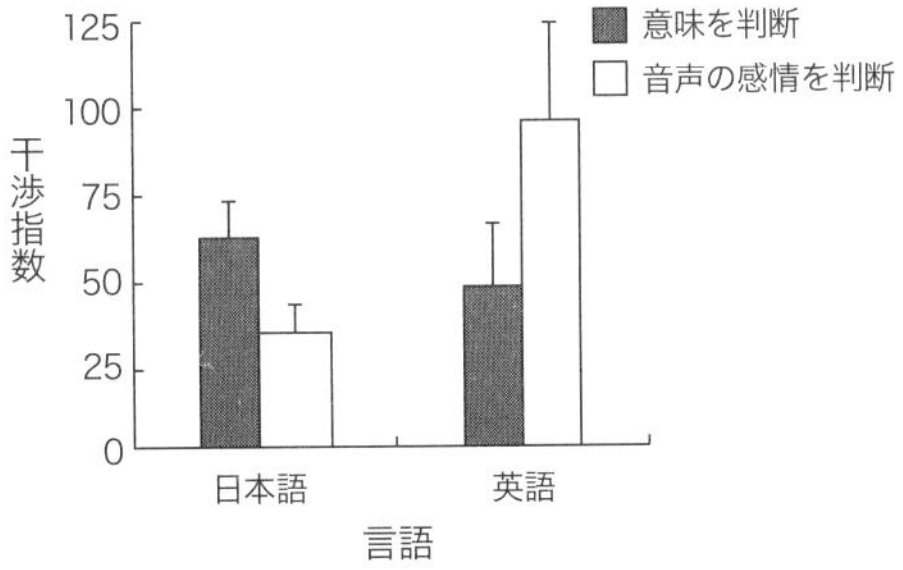


**図4・2　日米の感情認知の文化差**（Ishii, Reyes, & Kitayama, 2003）
言葉の意味と感情が矛盾している場合に生じるストループ効果を、判断の正確さで表したもの。横軸は話者の母語別に意味判断／音声の感情判断を表し、縦軸は干渉指数を表す。

同時に与えられると、感情判断は意味からの妨害を強く受けてしまう。そのため、意味を無視して音声の感情を答える課題の方が難しかったことがわかる。

一方、日本人に日本語の意味判断や感情判断を求めた場合は、ともに中程度の干渉効果が認められたものの、意味判断の方が干渉効果をより大きく受けていたことがわかる（干渉指数が大きい）。この結果は、日本人は言葉の意味を答える課題では、意味と矛盾している音声の感情からの妨害を強く受けてしまい、音声を聞いて感じた感情を無視して言葉の意味を答えなくてはならない課題の方が難しかったことを示している。したがって、日本人は「音声の感情」の方により多くの注意を向けているのに対して、アメリカ人はその逆、すなわち「言葉の意味」の方により多くの注意を向けやすいと考えられる。

ただし、ここで認められた違いが、言語自体の違いによるものなのか文化の違いによるものなのかは、断定することは不可能である。なぜなら、日本語と英語（言語条件）、日本人・日本文化とアメリカ人・アメリカ文化（文化条件）のように、言語条件と文化条件の両方ともが異なっているので、結果の違いがどちらの要因によるものかを断定することは難しいからである。

そこで、北山らは二つの言語を公用語とするフィリピン人に対して、同様の実験を行った。フィリピンにはタガログ語と英語の二つの公用語がある。この二つの言語の感情音声をフィリピン人に聞かせてその結果を言語間で比較すれば、言語条件は二つだが聞き手条件（文化条件）は一つになる。したがって、日本人とアメリカ人の間に認められた違いが言語によるものなのか、それとも聞き手によるものなのか（すなわち、聞き手の属する文化の違いによるものなのか）、を確かめることができる。

図4・3を見ると、タガログ語を聞いた場合も英語を聞いた場合も、意味判断をする方が感情判断をするよりも、干渉効果の大きいことがわかる。つまり言葉の意味と音声の感情が矛盾している場合、音声の感情は言葉についての意味判断を妨害するが、言葉の意味は音声についての感情判断をあまり妨害しないということである。とすれば、日米間で見

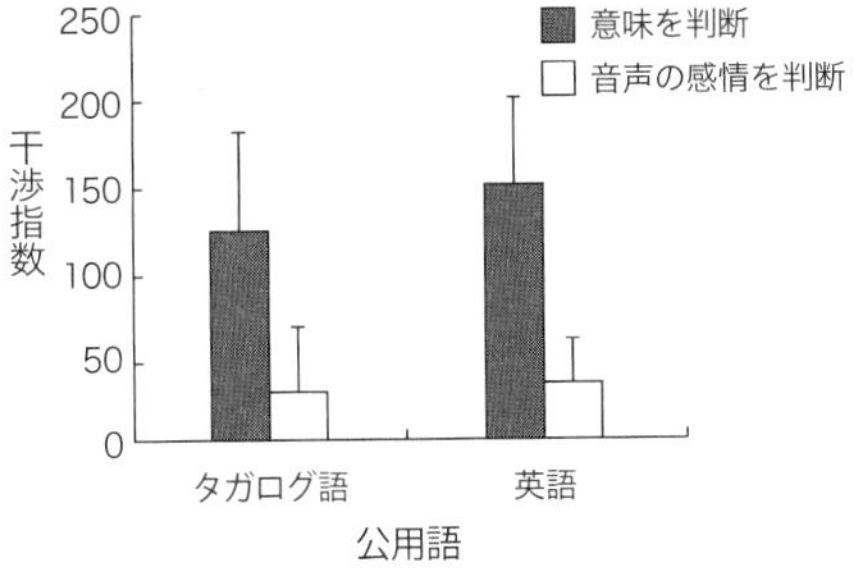


**図4・3　タガログ語と英語の場合**（Kitayama & Ishii, 2002）

言葉の意味と音声の感情が矛盾している場合のストループ効果を、判断の正確さで表したもの。横軸は話者の公用語を表し、縦軸は干渉指数を表す。

られた結果の違いは、日本語と英語という言語の違いによって生じたものではなく、聞き手側の母語や文化的環境から受けた影響によるものだったと考えられる。言い換えれば、育った文化というコンテクストの中で、音声の感情の方に注意を向けやすいのか言葉の意味の方に注意を向けやすいのかが身につく、ということを示唆している。

「高コンテクスト文化」の中で暮らしているフィリピン人も日本人も、話し手が「何を言ったか」（言葉の意味）よりも「どのように言ったか」（音声の感情）というコンテクストを重視し、そのコンテクストを十分に知ることにより話し手の感情を理解している。ただし、このような研究では一つの言葉の意味だけを無視したり、声の感情だけを無視したりすることを聞き手に求めており、聞き手はいわば日常生活では「ありえない反応」

を強いられていることになる。いつもとは異なる特別な反応を求める実験では、課題への対応力がかかわってくる。[5] したがって、この結果を日常生活の感情認知行動にそのまま当てはめることには、やや無理があるように思われる。「実験室の中でのみ求められる特別な反応方法」ではなく、もっと日常生活に近い、私たちが普段行っていることと同じようなことをすることが反応となるような実験を行ったら、真のコミュニケーション行動の解明への示唆が得られると考えられる。

## 言葉の意味から受ける影響

例えば、自分に何か良いことがあって相手から「おめでとう」と言われたら、ふつう「相手も自分の幸せを一緒に喜んでくれている」というように、相手の感情をポジティブなものと捉える。というのも、「おめでとう」という言葉の意味には、幸福や喜びというポジティブな感情の意味がもともと含まれているからである。

これに対して、悲しみなどのネガティブな感情を込めた声で「おめでとう」と言われたら、言葉の意味がもつポジティブな感情と話者の声のネガティブな感情が矛盾しているので、簡単に判断するわけにはいかなくなる。話者の本心を推測しながら、もしかしたら相手は自分の成功を本当は好ましく思っていないのでは……と考え込んでしまうかもしれない。

本心ではない言葉を話すのは、相手の気持ちを配慮しての場合もあるし、オレオレ詐欺のような相手を騙す目的をもつ犯罪の場合もある。母語であれば言葉が耳に入った途端に言葉の意味がわかり、そればかりではなく同時にその言葉に含まれているもともとの感情もたちどころにわかる。そのため、言葉の意味に含まれる感情を無視して、その言い方から話者の本当の感情を理解しようとすることはとても難しい。第一、そんなことをいつもやっていたのでは、考え込みがちになりスムーズな会話が成り立たなくなってしまう。そのため、例えば、「おめでとう」と言われたら、声の調子はあまり気にせず、とりあえず言葉の意味だけを考えて、相手も自分の幸せを喜んでくれているものと理解して、それを前提にして相手と話をする。あるいは、二つの感情の矛盾に違和感を覚えて気になった場合には、戸惑いながらも相手の本心を声の調子から考えてみるという行動をとることになるだろう。

私たちは時として、いやもしかしたらかなり頻繁に、心の中ではまったく思ってもいないことを話している。処世術の一つと言ってしまえばそれまでだが、「気配り」という配慮なしでは、日本社会の中で生きていくことが難しいからである。気配りすることを怠ると、集団の中で浮いてしまったりいじめにあったりしやすいことは、前に書いたとおりである。

そのせいか、「啖呵を切る」等の威勢がいい光景はドラマの中で見るくらいで、最近はあまり見かけなくなってしまったように思われる。目の前にいる人たちへの気配りから、心にもないことを互いに言い合うことは、日本では現代社会の中の一つのルールにさえなっているようである。多くの日本人が毎日、職場で、学校で、近所付き合いの中で、相手の腹の内を探りながら本心を出さないように気をつけている。

## バークヒューイセンらの実験でわかったこと[6]

言っていることと思っていることが異なる場合、すなわちもともと言葉の意味に含まれている「言葉の感情」と声の調子に表れる「音声の感情」が矛盾する場合、聞き手だけではなく話をしている話者自身が、「言葉の感情」からの影響を受けているのではないか？そもそも話し手は、「言葉の感情」からの影響を受けて、十分に感情を表せないのではないか？ということが考えられる。バークヒューイセンらは、話者が心にもないことを言っているときに、その話し方が聞き手だけではなく話者自身にも影響を与えていることを実験によって明らかにした。

バークヒューイセンらの方法では、オランダ語を母語とする話者に、「言葉の感情」と「音声の感情」が一致している条件と矛盾している条件の二つの条件のもとで感情を表出させ、それらをオランダ語がわからないチェコ人の被験者に提示して、話者の感情状態（emotional state）を判断させた。

オランダ人の話者には、まず中立的な感情をもつ複数の短文をモニタ上に提示して黙読させ、次にそれらを声に出して読んでもらった。このとき、テキストの文章を段階的にポジティブからネガティブな内容へと変化させるか、あるいはその逆にネガティブからポジティブな内容の文章へと変化させた。この実験でバークヒューイセンらが用いたテキストの例文は、日本語に訳すと次のようなものである。

中立的な文章：「今日はいつもより良くも悪くもないな」
ポジティブな文章：「すごく気分いい！」
ネガティブな文章：「眠りたい、絶対に起きないよ」

文章の内容と表現する感情が同じ場合は（一致条件）、話者はまず文章の内容と同じ感情を「感じる（feel）」ように指示された。一方、文章の内容と表現する感情が異なる場合は（不一致条件）、台詞が表している感情とは矛盾する感情の方を「感じる（feel）」ように言われた。次に、話者はその感じを表情や音声で表現するように求められた。

感情の認知実験では、ふつう表情であれ音声であれ、プロの俳優に演技してもらうことが多い[7]。それは、素人の場合、異なる感情をその違いがわかるように演じることが、なかなかうまくできないことが多いからである。しかし、バークヒューイセンらは、俳優にやってもらった感情表現は「演技」であり、自然に表れた感情表現とは別のものであると考え、一般の人を話者にした。最初はアバウトな表情しか見せない素人の話者でも、何回も繰り返せば次第に気分が高まり、感情をよく表せるようになるだろうと考え、何回も収録を繰り返し、最後に収録したものを刺激音声として用いている。

これらの刺激音声を、まったくオランダ語がわからないチェコ人に聞かせて、話者の感情状態を、「最もネガティブ」から「最もポジティブ」までの7段階で評価してもらった。その結果、一致条件に比べると不一致条件の方が、話者の感情状態を極端にポジティブ／極端にネガティブとして判断しやすいことがわかった。つまり不一致条件の方が話者は極端に強く感情を表出しようとする傾向があるということである。さらに、この傾向は、ポジティブ感情よりもネガティブ感情の方が強かった。この実験では、音声だけを聞いた場合、表情だけを見た場合、音声と表情の両方が与えられた場合、の三つの提示方法の間

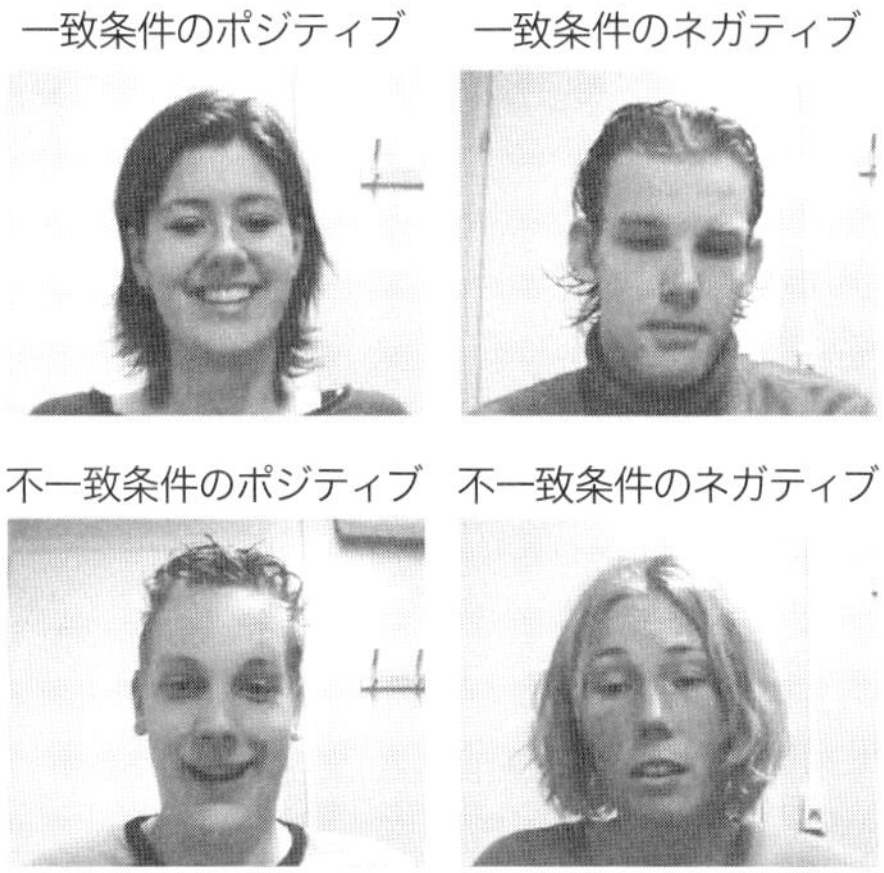


**図4・4　バークヒューイセンらの実験に参加した話者の表情**
（Barkhuysen, Krahmer, & Swerts, 2010）

で結果を比較しているが、音声だけを聞いた場合の不一致条件において、極端に感情を表出しようとする傾向が最も大きかった。

この実験の特徴の一つは、特定の感情（怒り）についての表出や認知についてではなく、感情状態（ポジティブ・ネガティブ）について調べたものであるという点である。そのため、特定の感情の表出と認知の関係についてはわからない。ネガティブな感情と言っても「悲しみ」も「嫌悪」もある。例えば、「悲しみ」の表出が「嫌悪」や「怒り」などに認知されていた可能性もある。そのあたりがややアバウトであるが、この実験によりポジティブな意味を表すテキスト文をネガティブな感情で表現しようすると、かなりオーバーな表現をしていることがわかった。

判断する側にとっては、俳優に比べると素人の感情表出は不明瞭なので、表情や音声が表すあいまいな感情を判断するのは難しかったのかもしれない。また、話者の側にとっては、不一致条件のもとで感情を表現するのは難しいため、「不一致であること」を過度に強調してしまいオーバーな表現になったのかもしれない。その結果、聞き手には不一致条件の方が、話者の感情をより極端にかつ強い感情に感じられたのかもしれない。

当然のことだが、話者は言葉を話すときには、自分自身が発する言葉の意味に含まれる「言葉の感情」からの影響を受ける。この実験からも「言葉の感情」と「音声の感情」が矛盾しているときには、「言葉の感情」からの影響を受けて「音声の感情」を十分に声に乗せて感情表現ができなくなるため、逆にオーバーな表現をすることが示された。思ってもいないことを思っているかのように伝えようとして言葉を選んでも、その言葉の意味にもともと含まれている感情からの影響を受けてしまうので、それを無視して声の調子で感情を表現するのはとても難しく過度の表現をしてしまう…という至って当たり前のことが、実験によって確かめられたと言える。

「言葉の感情」からの影響を避けるため、感情の認知研究では多くの場合、刺激語には感情的な意味を含まないニュートラルな言葉を用いることが多かった。例えば、人名の

「斎藤さん」や「マーガレット」、挨拶の「おはようございます」「さようなら」、あるいは地名の「東京」「ニューヨーク」などの言葉であれば、意味に含まれる感情はニュートラルなものであるから、聞き手が「言葉の感情」からの影響を受けることはほとんどない。その結果、「音声の感情」だけに注意を向けることができる。例えば、「斎藤さん」なら嬉しそうにも悲しそうにも、それほどわざとらしくならずに自然に言うことができる。普段よくやっているようにやればよいだけのことだからである。

聞き手が「言葉の感情」の影響を受けるのを避けるための方法として、言葉の意味がわからない外国語を用いるのは、有効な方法のように考えられる。オランダ語の刺激を、オランダ語がまったくわからないチェコ人に聞かせたのもそうした理由による。意味がわからないのだから、聞き手が受けるであろう「言葉の感情」からの影響はなくなる。しかしそれでも、話者自身は言葉の意味を知っているので、「言葉の感情」からの影響を受けることは避けられなかったことを、この実験は明らかにした。

## 日本人が未知の外国語を聞くとどうなるか？[8]

第3章で述べたように、日本人は音声の感情に敏感であり、言葉の意味に含まれる感情と音声に込められている感情との間の微妙な食い違いにも気づきやすい。しかし、未知の外国語で話されている場合には、言葉の意味はわからないのだから、二つの感情の食い違いに気がつくことはできないだろう。そこで、日本人の聞き手に感情を表現している日本語と未知の外国語の両方を聞いてもらい、言葉の意味がわかる場合（日本語）とわからない場合（未知の外国語）の間で、話者の感情をどのように捉えるのかを比較してみることにした。

この実験では、四つの外国語のそれぞれを母語とする1名ずつの外国人プロ俳優4名（21歳～35歳の男女2名ずつ）が、感情を込めてそれぞれの母語で短い文を話した。話した言葉は、スウェーデン語、ブラジル系ポルトガル語、ロシア語、ウクライナ語の四つであった。この四つの言語を選んだ理由は、聞き手（被験者）となる日本人大学生には未知の言語に違いないと考えたからであった。実際、実験後に訊いた質問においても、全員が刺激に用いた言葉を「知らない」と答えている。[9]

刺激は四つの短文であった。日本語の意味に直すと、「おめでとう」「大好きです」「泣きそう」「胸が潰れそう」である。国語辞典によれば、「おめでとう」と「大好きです」は幸福を、「泣きそう」と「胸が潰れそう」は悲しみを、それぞれ「言葉の感情」として含んでいる。幸福と悲しみの二種類の言葉を選んだ理由は、幸福と悲しみはともに人間の基

**表4・1　実験に用いた短文**（重野，2014）

| 日本語* | おめでとう | 大好きです | 泣きそう | 胸が潰れそう |
|---|---|---|---|---|
| 英語* | Congratulations. | I love it. | I start crying / I'm almost crying. | My heart is going to be broken. |
| スウェーデン語 | Grattis. | Jag älskar det. | Jag ar gråtfärdig. | Mitt hjärta brister. |
| ポルトガル語 | Parabéns. | Adoro. | Quase chorando. | Quase explodindo coração. |
| ロシア語 | Поздравляем. | Я это люблю. | Сейчас заплачу. | Мое сердце разбнто. |
| ウクライナ語 | Вітаю. | Мені подобається. | Зараз заплачу. | Мое серце тузі. |

*各国語へ翻訳するための原文

本的な感情と考えられていること、および多くの研究者により幸福はポジティブ感情に、悲しみはネガティブ感情に分類されていることを考慮したためであった（表4・1）。

外国人俳優は全員が日本に2年〜11年間住んでおり、日本語と英語の両方を話すことができた。そこで、俳優たちに四つの言葉を日本語と英語の両方で提示し、それぞれの母語に訳してもらった。その際、日英語バイリンガルの日本人通訳が立ち会い、日本語と英語で言葉の意味を説明して、微妙なニュアンスも訳語に反映させた。スウェーデン語とブラジル系ポルトガル語はそれぞれスウェーデン人とブラジル人の男性母語者が話し、ロシア語とウクライナ語はそれぞれロシア人とウクライナ人の女性母語者が話した。

同じ日本語の原文を訳した文であっても、言語によっては原文とまったく同じ意味になるとは限らない。

四種類の外国語を用いたのは、言語間の発音の差異や感情表出の多様性をできるだけ平均化するためであった。また、選んだ外国語はいずれも聞き手（被験者）となる学生たちの第二外国語の履修人数が、ゼロか少なそうなことも理由であった。被験者は日本人の大学生・大学院生18名で、全員がどの言語も知らなかった。

外国人俳優たちには、母国で生活していたときのまま、自然に明瞭に音声だけで感情を表すように依頼した。そのため、ピッチやイントネーションで感情を表現して、笑い声、泣き声、舌打ちなどの非言語音は使わないように頼んだ。しかし、収録後の音声を聞くと、実際には話す速さや強さにも違いが生じていた。「幸福」では少し早めに話し、「悲しみ」では少し小さな声で話していた。

被験者には話者の音声を注意して聴き、話者の感情を七つの選択肢「ニュートラル（感情を含んでいない）、幸福、驚き、怒り、嫌悪、恐れ、悲しみ」の中から一つだけ選択するように求めた。さらに、この課題に正解はないので感じるままに回答してくれるように求めた。反応ごとの確信度も調べるため、（1）非常に自信がない～（5）非常に自信があるまでの5段階で、反応用紙にそのときの確信度を記入してもらった。確信度を求めたのは、条件ごとに課題に対して被験者が「どれくらい自信をもって答えたか」「どの程度判断しやすかったか（しにくかったか）」を調べるためである。[10]

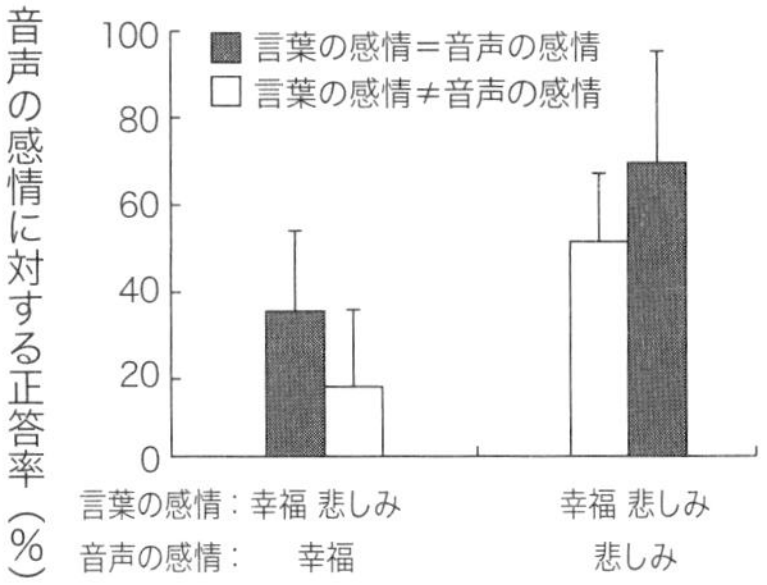


**図4・5　音声の感情に対する正答率**（重野，2014）

被験者には、言葉から「何を言っているか」を聞き取るのではなく、「どんな感情で言っているか」だけを判断すればよいことを伝えておいた。実験終了後、「知っている言葉があったかどうか」を尋ねたが、全員が、知っている言葉はなかったと答えた。

被験者の反応は、話者が表出しようとした感情（「音声の感情」）と同じ感情を選択した場合を正答とした。図4・5は、正答率の平均値を示している。「言葉の感情」と「音声の感情」が一致している場合の方が不一致の場合よりも、「音声の感情」を言い当てやすいことがわかる。また、「言葉の感情」が幸福のときも悲しみのときも、「音声の感情」は、悲しみの方が幸福よりも言い当てやすいこともわかった。

実験に用いた音声がどのような感情に認知されていたのかを図4・6に示す。実験では幸福と悲しみの二種類の「音声の感情」しか提示しなかったが、被験者

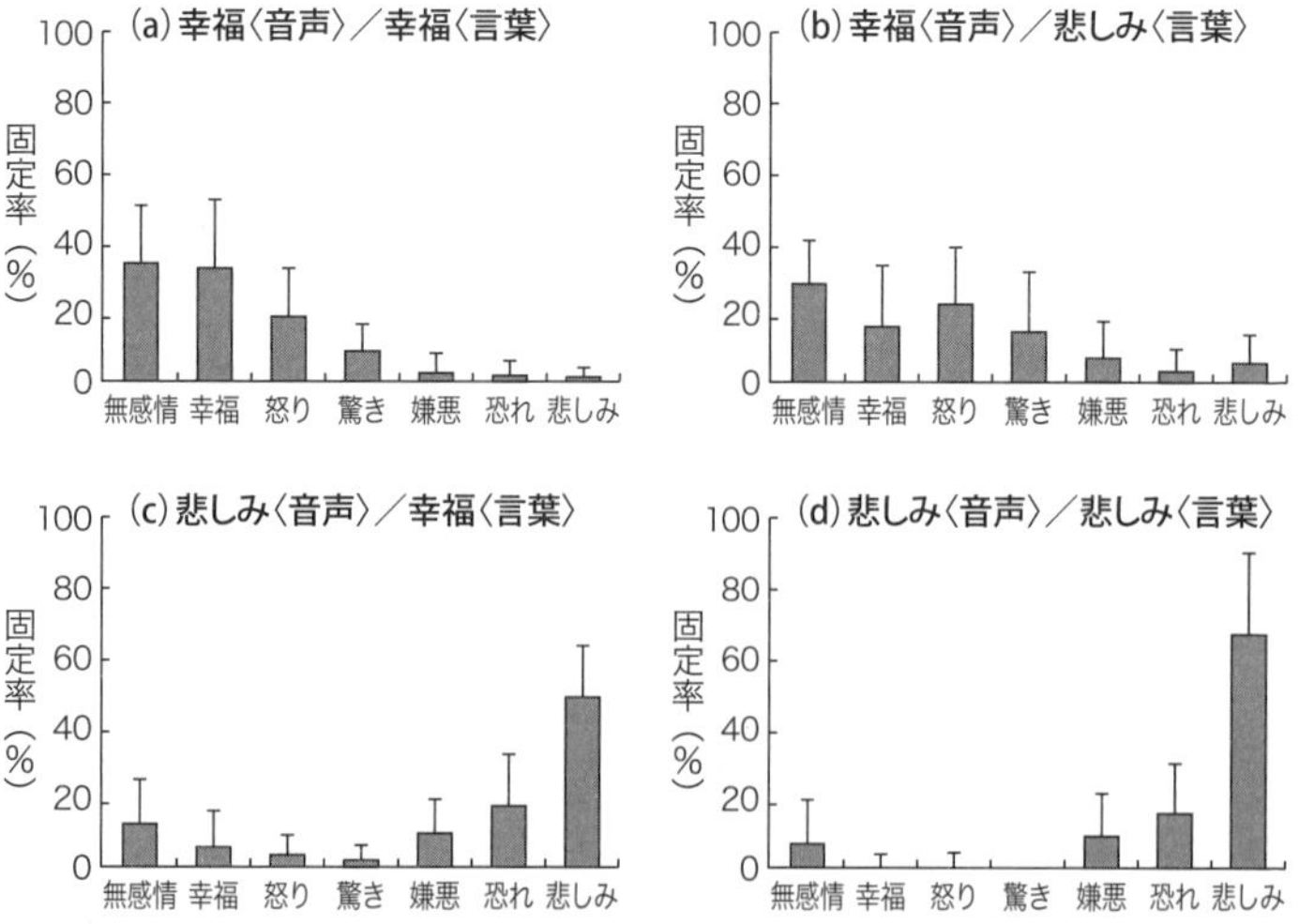


**図4・6　被験者の感情選択**（重野，2014）

「音声による感情表出」と「言葉の感情価」の組み合わせにおける七つの感情への同定率。

が七つの選択肢から選んだ結果は七つの感情全体に散らばっていた。このことは音声のみによる感情認知では、たとえ話者が特定の感情を表現したつもりであっても、いろいろな感情に聞こえてしまい同定するのが難しいことを示している。特に、「言葉の感情」と「音声の感情」が不一致の場合には、幸福の音声も悲しみの音声もそれぞれ幸福／悲しみへ同定する割合が最大ではあるものの、他の感情に同定する傾向が一致条件よりも大きかった。

「言葉の感情」と「音声の感情」が不一致の場合は、たとえ意味がわからない未知の外国語を聞いた場合でも同定率が低下したことは、不思議な感じがする。言葉の意味がわからないのだから、単純に考えれば「言葉の感情」からの影響を受けるはずはないからである。となると、聞き手側ではなく話者の方に原因があるとしか考えられない。話者が母語で話している場合には、言葉の意味が嫌でもわかってしまう。そのため、感情を表出する際にも言葉に含まれている感情からの影響を受けてしまい、表出しようと思った感情をそのまま表せなかったのではないかと考えるのが自然である。しかし、この点についてはバークヒューイセンらと同様の考え方で説明できるものの、得られた結果は異なっている。バークヒューイセンらの結果では、「言葉の感情」と「音声の感情」が不一致の場合には感情はより強く表出され、その結果、よりポジティブ・よりネガティブな感情に判断されやすくなっていた。

今回の実験方法がバークヒューイセンらの実験と大きく異なっている点は、話者は素人ではなくプロ俳優であったという点である。「言葉の感情」と「音声の感情」が矛盾していることはドラマの場面の中ではよくあることであり、プロ俳優はこのような演技には慣れており、ことさら強く感情を出すようには演技しなかったのかもしれない。しかしそうであったとしても、「言葉の感情」と「音声の感情」が不一致の方が正答率は低くなっていることは、俳優自身が気がつかないうちに「言葉の感情」からの影響を受け、それが演技に表れたことを示唆している。

実験結果では、一致条件・不一致条件ともに悲しみの音声の方が幸福な音声よりも認知成績が良かったが、感情音声の認知を文化間で比較している先行研究においても、悲しみの音声は幸福の音声よりも同定率の高いことが報告されている[11]。

ところで、そもそも感情音声はどこの国や言語においても、同じように認知されるのだろうか。このことについて、異なる文化や言語の間で比較を行った研究がある[12]。例えば、ドイツ語母語者にドイツ語（母語）で、無意味な文を「喜び」「悲しみ」などの感情を込めて言ってもらい、それらをドイツ語以外の九つの言語の母語者に聞かせて感情を同定させた研究がある。その結果を見ると、どの言語の被験者もかなりの確率で感情を正しく同定できていた。しかしその一方で、ドイツ語を除いたヨーロッパ諸言語の母語者とインドネシア語の母語者の結果を比較すると正答率に差があった。そして言語的な距離が離れているほど、つまり話し手と聞き手の母語の類似度が小さいほど、感情認知の正確さは減少し他の感情へ混同する傾向があった。したがって、音声による感情表現には言語や文化を超えたユニバーサルな特徴と言語ごとに個別の特徴があり、その両方がともに存在すると考えられる。

前述の実験では話者の言葉の意味が聞き手にはわからないときの判断を検討しているが、

こういうことは日常生活ではそんなによくあることではない。そもそも何を言っているのかわからない相手とは話をしないだろう。普段の私たちの会話では、言葉の意味もわかったうえで相手の感情を判断するのが当たり前だ。当然、意味がわかった場合には異なる結果になるのではないかと予想できるし、その方がより実際的な研究と言える。

## 本心を隠した場合の感情認知

感情認知において、顔と声の間で感情が異なる場合よりももっと厄介なのは、言っていることと声の調子が食い違う場合である。つまり言葉の感情とそれを言っている話者の声の調子とが異なっている場合である。日常生活では「本心をしゃべらない」場合が少なくないし、相手の言葉を額面通りに受け取ると不都合が生じる場合もある。本心ではない言葉を口に出すのは、多くは相手へ配慮する必要がある場合や電話を使った犯罪の場合である。言葉の意味を無視すれば聞いた内容を理解することはできないし、そんなことをすれば会話は成り立たなくなってしまう。

日常的なコミュニケーションにおいて、言葉の文字通りの意味に含まれる感情は多くが話者の声の感情と一致している。私たちは普段幸せな（朗らかな）声で幸せな出来事について話す。もし相手が悲しい声で悲しいことを話すなら、悲しんでいるのだろうと当たり前に思う。だから、もし相手が幸せな出来事を悲しそうに話した場合には、言葉の文字通りの意味に含まれている「幸福」の感情と、相手の声が表す「悲しみ」の感情との間に食い違いを感じて、相手の本当の意図や感情がわからなくなり当惑してしまう。

したがって、話者の真の感情を理解するためには、言葉の表す感情的な意味だけではなく、それと話者の声が表す感情との間に矛盾があるかないかを知ることが大切である。しかし、この問題に関してはあまり検討されていない。例えば、ストループ実験では単語の感情的意味と声の調子との間の矛盾について、言葉の意味が声の感情と一致する場合、矛盾する場合、およびそのどちらでもない、の三つの場合について、単語を聞いてからその意味を答えるまでの反応時間を測定している。[13] その結果から、声の調子が言葉の意味と合っている場合には反応時間は短いことがわかり、これは言語処理を楽に行うことができるためであるとしている。

コミュニケーション行動を正しく理解するためには、「音声の感情」が表情との間で一致しているかどうかだけではなく、言葉の意味に含まれている感情との間で一致か不一致かを知ることが、きわめて重要なことである。では、どうやってその不一致を私たちは知ることができるのだろうか？　外国の研究では、[14] 聞き手と同じ母語で話されているか・いないかにかかわらず、「言葉の感情」と「音声の感情」が一致している場合の方が矛盾している場合よりも、話者の感情を言い当てるまでの反応時間は短いことが明らかにされている。日本人の場合はどうだろうか？　おそらく日本人なら、たとえ幸せを意味する言葉を誰かからかけられても、声の調子が悲しそうであれば、話者の本当の気持ちは悲しいのだということにすぐ気がつくだろう。なぜなら、聞き手自身がたとえ悲しいときでも幸せを意味する言葉を口にすることを日常的に数多く自ら行っているからである。相手の本当の気持ちを察して判断することは、日本人にとってはそんなに難しいことではないと言えるだろう。

## 感情表現と感情認知の日本的スタイル

日本人は会話の相手に自分の本当の気持ちをはっきり示さないということが、しばしば指摘されてきた。相手との関係を損なう可能性を考え、たとえ自分の気持ちに反していても、社会の中で受け入れられるように自分の気持ちを曲げてまでも話をする。感情表現の日本的スタイルの一つに、自分のネガティブな感情（悲しみなど）を笑顔で隠すことがある。第1章でも述べたように、この傾向は日本では欧米よりも強く、時として欧米人は日本人の笑顔をジャパニーズ・スマイルと呼んで不気味に思うようである。

思ってもいないことを言葉にした場合、話している人の声の調子はどのように変わるのか、またそのような声を聞いた人は、話者の感情をどのように認知するのか、つまり話者の本心はどのように認知されるのかを明らかにするため、二つの実験を行って検討した。

## 本心を調べる認知実験[15]

まず、第一実験では20代と40代の日本人のプロ俳優（男女2名ずつ）が、日本語で「おめでとう」「大好きです」「泣きそう」「胸が潰れそう」という短い言葉を話した。その際、表現の仕方に三つの条件を設けた。

（1）言葉の意味に含まれる感情と同じ感情で言う場合

（2）いずれの言葉もニュートラルな感情（感情を込めない）で言う場合

（3）それぞれの言葉の意味に含まれる感情とは真逆の感情で言う場合

の三条件である。

被験者は話者の話す言葉をよく聞いて、話者の感情を七つの選択肢（ニュートラル感情

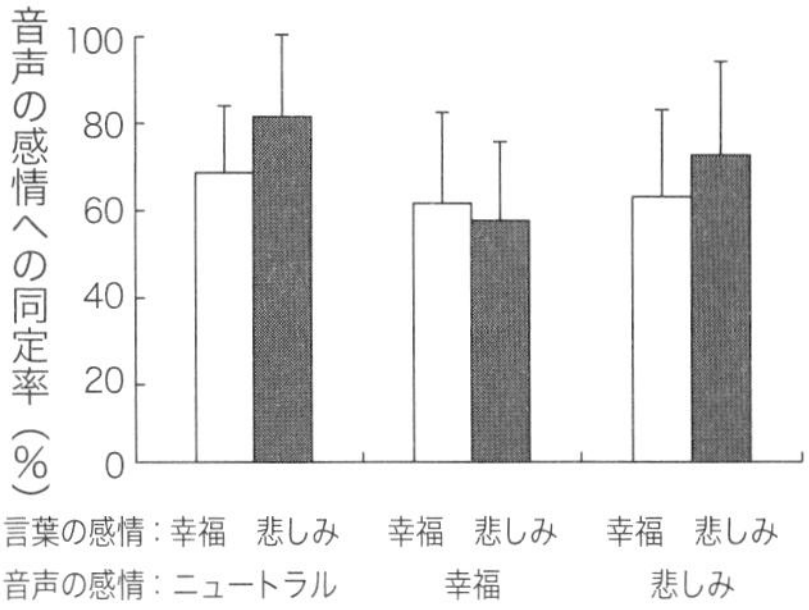


**図4・7　一致条件・不一致条件における「音声の感情」への同定率**
（Shigeno, 2018）

と六つの基本感情[16]）の中から、一つだけ選ぶように求められた。同時に、課題の難しさについても試行ごとに確信度を5点尺度、すなわち（1）非常に自信がない〜（5）非常に自信があるまでの5段階で答えるように求められた。

話者が表そうとした感情（音声の感情）と聞き手が選択した感情が一致したとき、すなわち話者の音声の感情と同じ感情に同定したときの反応を正答とした。図4・7はその結果である。縦軸は音声の感情への同定率（正答率）である。日本人なら日本語が耳に入るとすぐに意味が理解できるので、「言葉の感情」と「音声の感情」の不一致が直ちにわかる。ふつうに考えれば、不一致（矛盾しているとき）の方が感情を選択するのは難しいから、正答率も落ちるのではないかと考えられる。しかし、驚いたことに、正答率には一致条件と不一致条件の間で大きな差異はなかった。喜びの言葉であれ悲しい言葉であれ、幸せな声で話されていれば「幸せ」、悲しみの声で話されていれば「悲しみ」と判断されたのである。このことは、日本人は声の調子を重視しているので言葉の意味など問題ではないということを意味している。

一致条件では、話者の話す言葉の意味を理解できれば、言葉が本来表している感情も簡単にわかる。例えば、誰かが悲しい声で「胸が潰れそう」と言えば、ふつう聞き手は「話者が『胸が潰れそう』と言っているのだから、悲しいに違いない」と思う。一方、もし誰かが嬉しそうな声で「胸が潰れそう」と言ったら、聞き手は違和感を覚え話者の感情はどちらの感情なのか判断に迷うだろう。しかし、実験結果を見ると、音声の感情が「幸福」の場合も「悲しみ」の場合も一致条件と不一致条件の間に有意差はなかった。なぜだろうか?

この結果は、日本人は相手が何を言っているのかではなく、どのように言っているのかを重視しているためと考えられる。日本人にとっては、言っている「言葉の内容」と「声の調子」が表す感情とが矛盾していようがいまいが、大して重要なことではないのである。一致していれば「話者は本当に悲しいのだ」と思うし、矛盾していれば「話者は本心を偽って話しているのだろう」と理解する。このようなコミュニケーションのやり方(「言葉の内容」と「声の調子」の統合)は日本の文化や日本人にはありがちなことであり、欧米人の場合とは大きく異なる特徴的な表現方法である。それが実験結果に表れたと考えられる。

日本では話者の真の感情は言葉ではなく、声の調子に反映されやすい。そのため、話者が本心を偽って話すときの声の調子という非言語的な情報は、感情を伝える過程で言葉よりもより多くの意味をもち、より効果的な役割を果たしていると考えられる。このことはしばしば指摘されてきたことではあるが、[17]実験事実によって確認されてはこなかった。

それでは、日本語の言葉の意味をわからなくしてしまったらどうなるだろうか？　意味のわからない外国語の例は先に取り上げたが、感情の表現方法は言語によって異なるから、外国語を聞いたときの反応がそのまま日本語を聞いたときにも当てはまるかどうかはわからない。表情の場合は文化や地域が異なっても同じとする考え方があるが、[18]音声の場合はそんなに簡単ではない。言語がそれぞれの文化の形成に深くかかわっているために、言葉による感情の表現方法や認知も言語からの制約を受けやすい。地域や文化によって用いられる言語は異なり、例えば、ある言語では一つの語で表せるものであっても、他の言語では数語が存在する場合がある。「雪」について考えてみよう。日本語では雪を表現するとき、細分化して粉雪、牡丹雪、細雪などと言うが、氷雪地帯に暮らすイヌイットの場合は雪を細分化するのではなく、最初から類別化・範疇化された別物として粉雪、牡丹雪、細雪などとして捉えている[19]。

「雪」はその言葉自体に感情は含まれていない。しかし、もし言葉それ自体に特定の感情が含まれているような場合には、文化、言語ごとにその言葉に含まれる感情も異なる場合がある。そう考えると、日本語ではあるが意味がわからないという場合についても、感情の認知スタイルがどのようなものであるかを考えてみる必要がある。何やら難しそうな話だが、良い方法がある。それはランダム・スプライシングという音声の加工方法を用いて、「日本語で話されていることはわかるけれども、言葉の意味がわからない」という音声を作るのである。そのような刺激を用いて聞き取り実験を行えば、言葉の感情的な意味と声の調子との関係を壊し、その二つを分離してそれぞれの感情認知に及ぼす影響を検討することができる。

ランダム・スプライシングとは音声の加工方法の一つであり、言葉の全体的な意味やテンポは破壊するが、韻律的な特徴（音域、ピッチの変動性、ラウドネス、および響きなど）は残す方法である[20]。したがって、ランダム・スプライシングされた音声刺激を聞くと、全体の抑揚から何となく日本語で話されていることはわかるが、一つ一つの言葉は何を言っているのかわからない。

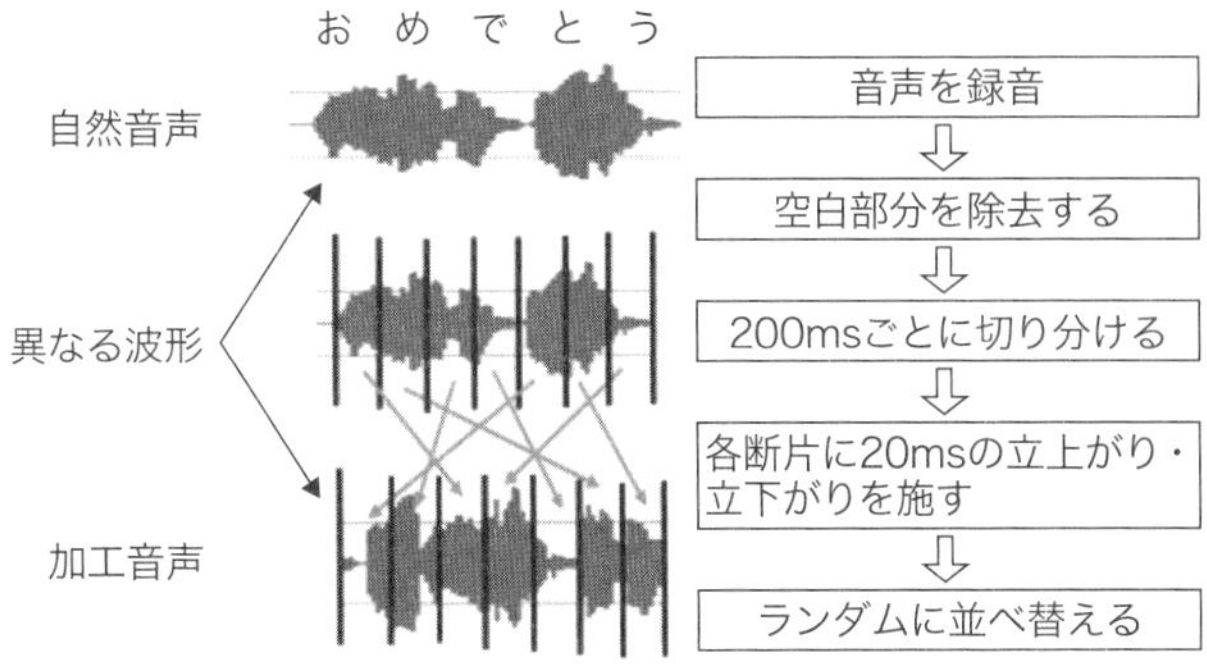


**図4・8　「おめでとう」のランダム・スプライシングによる加工方法の概念図**
（著者作成）

## 意味がわからなくても感情は伝わる

言葉の意味をわからなくしてしまうと、当然「言葉の意味に含まれている感情」も失われる。したがって、ランダム・スプライシング加工により、日本語音声は話者の声の調子を残して、言葉の意味を取り除いた音声といえる。この方法で加工された日本語音声を用いることにより、言葉の意味に含まれている感情を切り離して、声の調子、すなわち音声の感情がどのように認知されるのかを調べることができる。

最初の実験で用いた言葉（「おめでとう」「大好きです」「泣きそう」「胸が潰れそう」）を、図4・8に示すランダム・スプライシングの方法で加工した。まずスプライスする長さをさまざまに試し、最終的に200ミリ秒ごとに音声刺激を切断することに決めた。次にシェーラーのやり方に従って[21]音の

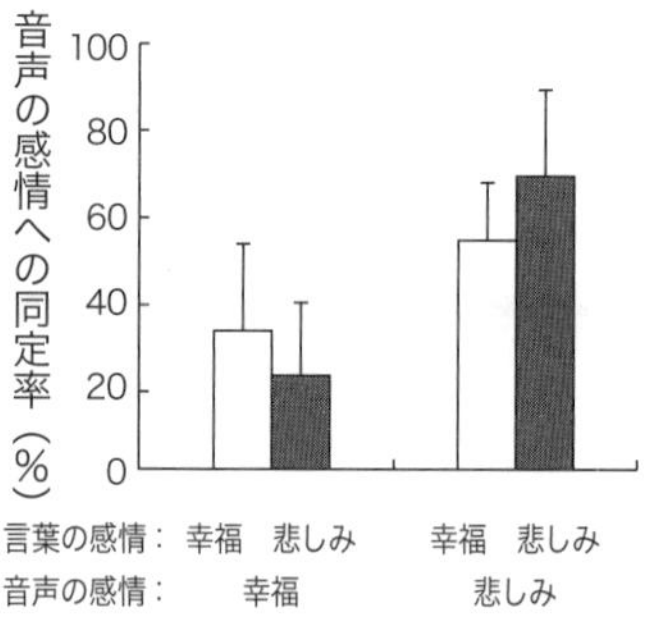


**図4・9　ランダム・スプライシング実験における「音声の感情」への同定率**（Shigeno, 2018）

一致条件の方が不一致条件より正確に言い当てられている。

ない区間を除去し、時間長が200ミリ秒の断片となるようにスプライスした。このようにしてできた音声の断片をランダムに再結合した。

ランダム・スプライシングされた刺激を被験者に聞かせたところ、図4・9に示すような結果になった。母語の日本語を聞いたとき（図4・7参照）に比べると、明らかに異なった結果である。「言葉の感情」と「音声の感情」は、ともに一致条件の方がより正確に言い当てられている。ランダム・スプライシング実験では言葉の意味はわからないのだから、聞き手は「言葉の感情」と「音声の感情」の間にある食い違いに気づくことはない。それにもかかわらず、日本語をそのまま用いた最初の実験結果に比べると、不一致条件では音声の感情についての正答率が、特に幸福な音声の場合、はるかに低くなることを示している。

以上の結果は、話者に原因があると考えるしかない。「言葉の感情」と「音声の感情」の間に違和感がある場合（例えば、嬉しそうな声で「泣きそう」と言った場合）には、二つの感情が一致している場合と同じようには、話者は感情を声に乗せられなかったと考えられる。つまり話者自身が「言葉の感情」からの影響を受けてしまっていた可能性が高い。

さらに、ランダム・スプライシングされた日本語の場合にも、悲しい感情の方が幸福な感情よりもより多く「音声の感情」を言い当てられることがわかった。また、「言葉の感情」についても、一致条件・不一致条件にかかわらず、悲しい言葉の方が幸福な言葉よりも「音声の感情」への同定率の高いことがわかった。これらのことから、「音声の感情」も「言葉の感情」もともに、悲しみの方が幸福よりも「音声の感情」に同定されやすいことが示された。

次に、一致条件における「音声の感情」ごとに、日本語の結果とランダム・スプライシングされた日本語の結果を比較してみた（図4・10）。幸せな音声はもともと同定するのが難しいが[22]、ランダム・スプライシング加工された日本語では、さらに同定率が低くなっている。これは、意味がわからないことによって、加工音声では「言葉の感情」を利用できなかったためではないかと考えられる。

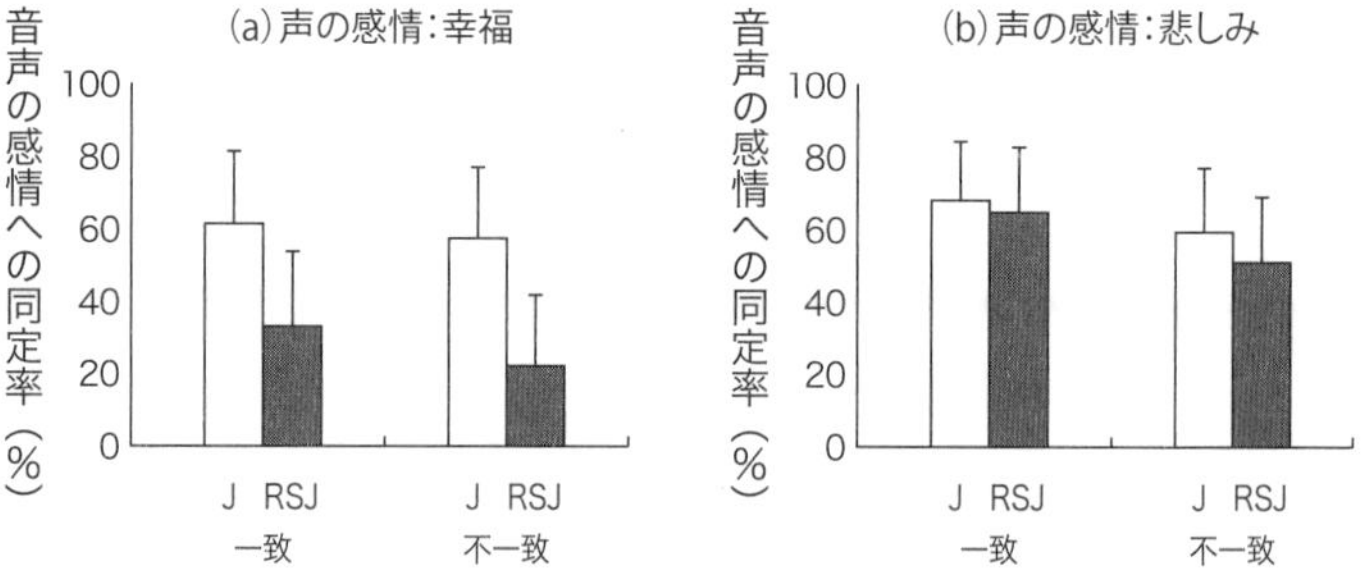


**図4・10 「音声の感情」が幸福の場合と悲しみの場合の結果**

(Shigeno, 2018)

ランダム・スプライシング実験の結果を、(a)音声の感情が幸福の場合、(b)悲しみの場合に分けて、一致条件と不一致条件の間で比較したもの。Jは日本語、RSJはランダム・スプライシング加工を施した日本語を表す。

一方、悲しい声はもともと同定が容易であるから(図4・6(d)参照)、意味をもたない加工音声の場合でも同定率は下がらなかったと考えられる。このような感情認知の非対称性は、「音声の感情」を同定するときに見られる。また、加工音声の場合、聞き手は言葉の意味がわからないため、「言葉の感情」の影響を受けていないはずなのに、加工前の日本語と同様に七種類の感情カテゴリーにわたって同定結果が散らばっていた。

さらに、不一致条件における場合を考えてみる。普段私たちに何かの感情が生じたとき、その感情にピッタリ合う言葉が心に浮かぶ。だから口にする言葉はそのときの感情状態と一致しているのがふつうである。しかし、日本ではストレートに感じたままの言葉を言えないことが少なくない。したがって、相手がこのような不一致状態にあると気づいたときには、聞き手は表示規則や文化的基準、そして自らの経験に照らし合わせて話者の感情を判断するしかない（「『胸が潰れそう』と言っているが、本当は嬉しいのではないかな？」などと推測する）。このようなことをしばしば行っている日本人の聞き手は、話者が自分の感情をストレートに言葉にしていないことに気づきやすいのかもしれない。

実験結果を話者と聞き手のそれぞれの立場に立って考えてみると、次のようになる。

日本の文化的な対人コミュニケーションの基準では、「自分が幸せであっても、否定的な言葉を言って、会話相手に羨望の感情が生じないように『相手の気持ちを考えて』話さなくてはならない」。そのため、二つの感情（「言葉の感情」と「音声の感情」）を統合して、話者は表示規則に沿うように「言葉の感情」の方を修正しようとして本心とは逆の言葉を口にする。つまり話者は文化的基準に従って真の感情を隠すために、自分の感情から出てきた言葉をそのまま口に出さず、心にもない言葉を口にして取り繕おうとする。

そして、日本人の聞き手はこのようなことには慣れているので、「取り繕い」が行われていることにすぐに気づき、表示規則などの文化的基準に従って相手の心情を理解しようとする。つまり聞き手は不一致状況に気づくと同時に、話者の言葉が本当の気持ちを表していないことを察する。そして、話者の音声に込められているわずかな声の感情の手がかりをもとにして、話者の本心を考えようとするのではないかと考えられる。

**注**

［1］Murray & Arnott (1993).
［2］Hall (1976).
［3］第1章で、「欧米文化の中で暮らす人々にとって、日本人の行動パターンの中には理解しがたいものがあることは、これまでもしばしば指摘されてきた」と書いたが、ホールもまた「アメリカ人にとって、日本人は不可解な国民である」と書いている。
［4］Kitayama & Ishii (2002); Ishii, Reyes, & Kitayama (2003).
［5］これまで長い間、外国人を被験者にして実験をしてきたが、「お国柄」によって実験への理解度、取り組む姿勢に違いのあることを実感している。もちろん個人差はあるが、それを超えて文化を共有する者たちの間での共通点があるように感じてきた。
［6］Barkhuysen, Krahmer, & Swerts (2010).
［7］以前はプロの俳優に演技してもらうのが当たり前だった。素人の表情はあいまいでわかりにくいからである。しかし、最近は俳優が演技して作った表情は大げさで不自然であるという理由から、素人の表情や演技を用いることが増えてきた。
［8］重野 (2014).
［9］ロシア語を聞いて何語かわからない、と答えた学生の中には、ロシア語を第二外国語として履修していた学生もいた。被験者の員数に入れられるのでありがたい半面、授業で習ったはずのことをすっかり忘れているのにはちょっと残念な気もした。

[10] 一般に確信度については「間違うかもしれないという判断あるいは正しく実行できるという判断は与えられた課題の難易度に依存すると考えられ、確信度の判断は課題の難易度の情報だけではなく、どのような作業をすればよいのか考えている認知プロセスがはたらいているとき、その認知プロセスに対するメタ認知判断によっても、確信度の判断は行われる」と考えられている（松尾, 2006; Kelley & Lindsay, 1993）

[11] Abelin (2004).

[12] Scherer, Banse, & Wallbott (2001).

[13] Nygaard & Queen (2008).

[14] Min & Schirmer (2011).

[15] Shigeno (2018).

[16] 幸福、驚き、怒り、嫌悪、恐れ、悲しみ（Ekman & Friesen, 1975 による）。

[17] 日本人は無意識のうちに、話者の心の内側に何があるのかを推測するように訓練されているため、その真の意図を解釈することができる、とマツモトと工藤は言っている（マツモト・工藤 1996）。

[18] 例えば、Ekman & Friesen (1975); Ekman et al. (1987) など。一方、表情の表出は普遍的ではないとする研究もある（Jack et al., 2012; Gendron et al., 2014 など）

[19] 宮岡 (2006).

[20] Scherer (1985).

[21] 同右。

[22] 例えば、Abelin (2000).

# 第5章 若さの印象は声の調子で変わる

どうすれば、実際の年齢よりも若く自分を相手に印象づけることができるだろうか？日本人は外国人に比べて年齢にこだわる傾向が強いようである。新聞でもテレビでも、誰かのことを伝えるときにはほとんどの場合、氏名の次に年齢が書いてある。日本社会では年齢は人を評価する際の一つの重要な基準になっていると言える。なぜ日本人はそんなにまでも年齢を気にするのか、この点についてはいろいろな考え方があるようだが、ここでは実際よりも若く思われたい人は、どのようにするのがよいのかについて考えてみよう。

エステに通ったりジムで運動をしたりして若さを保つ方法もあるが、感情表現に少し気をつけるだけで、実際の年齢をより若く相手に印象づけることができる。

もちろん、実年齢よりも老けて見られたい人もいるだろう。例えば、男性の中には「貫録を見せたい」とか「風格を出したい」等の理由から、老けて見せたいと考える人もいる。しかし、多くの場合、とりわけ女性は若く思われたいと願う人が多い。あるＷＥＢ調査によれば[1]、平均年齢39・9歳の回答者のうち61・9％が「若く見られたい」と答えたという。ここでは感情表現により与えられる若さの印象について取り上げ、どのような感情表現がどれくらい若々しい印象を与えるのかについて考えてみることにする。

## 若い印象を与える音声の感情とは？

まず私の行った実験を紹介する。[2] 24～75歳の24名の日本人プロ俳優（各年代とも男女2名ずつ）に、いろいろな感情で「本当ですか？ 信じられません」という言葉を言ってもらった。この言葉を選んだのは、幸せな状況でも悲しい状況でもよく口にする言葉だからである。例えば、（「○○さんが亡くなられたそうです」に対して）「本当ですか？ 信じられません」（悲しみ）や、（「あなたが最優秀賞に選ばれました！」に対して）「本当ですか？ 信じられません」（幸せ）などの会話は時々耳にすることがあるだろう。

感情を伴う音声を特徴づけるのに最も重要な音声パラメータの一つはピッチ（声の高さ）である。[3] そこで、この実験では話者にピッチの変化のみで感情を表現するように指示した。20代から70代までの俳優を用いたのは、感情の表現方法には個人差があることや、俳優24名の平均を取ることで年代ごとの平均年齢に近くなるようにするためであった。

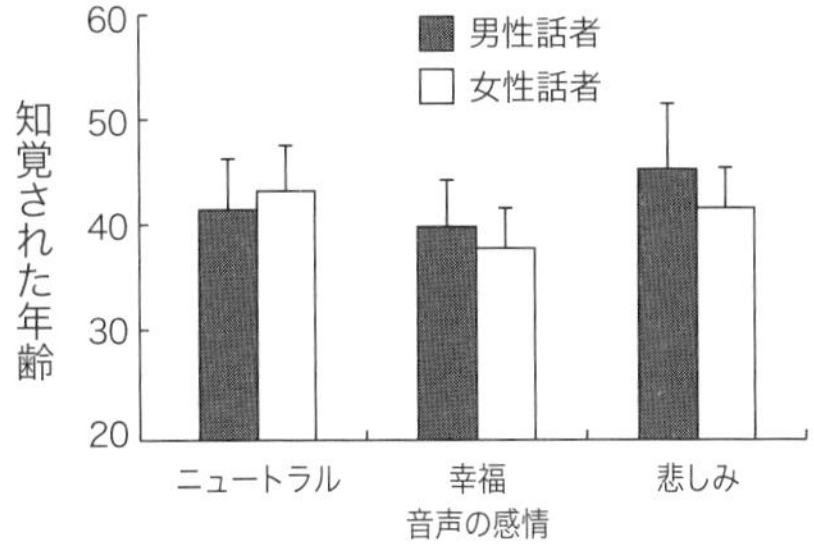


**図5・1　音声の感情の違いにより知覚された話者の年齢**（Shigeno, 2016）

名（男性12名、女性12名）の実年齢の平均は、49・8歳（男性49・8歳、女性49・7歳）であった。表現する感情としては、ニュートラル（感情を込めずにふつうに話す）、幸福、悲しみの三種類とした。聞き手に聞かせるときは、言葉も感情も話者もすべてランダムな順序で提示した。聞き手には、感情音声を聞かせた後で「話者は何歳だと思いますか？」と尋ね、「〇〇歳」のように数字で答えてもらった。

　図5・1は、判断結果をもとに感情別・男女別に全年代の知覚された平均年齢を表したものである。グラフの縦軸は知覚された年齢を表し、棒グラフが短いほど若く知覚されたことを示している。グラフ中の黒と白の二本の棒を見ると、真中（幸福）の二本が左右よりも短いことがわかる。これは、話者が幸福そうな声[4]（陽気な声）で話すと、ニュートラルな声や悲しみの声で話す場合よりも、若く判断されていることを示している。特に、こ

の傾向は女性話者（白い棒）の方に明瞭に表れている。幸福な感情のときにはピッチ（声の高さ）が高くなり声が上ずった調子になる。このことは音声を音響的に分析してピッチを取り出した研究からも確認されている。[5]

加齢と声の聞こえの関係については、年齢層が思春期以上の374名の日本語母語者（男性187名、女性187名）について、加齢に伴う話声位[6]（日常の会話に使われる声の高さ）の変化を調べたデータがある。[7] それによると、話声位は女性の方が男性よりも高いことや、30代と40代の女性は20代の女性よりも明らかに話声位が低くなり、さらに80代を含むすべての年齢層にわたって、女性は加齢とともに話声位は低くなる傾向が認められている。一般に、人の声の高さは加齢によって変化する。男性は高齢になるとピッチが高くなる一方で、女性は逆に低くなる傾向がある。海外の研究においても、女性は男性よりも話声位の平均値や最高値が高いことや、加齢に伴う同様の話声位の変化が報告されている。[8]

一方、加齢に伴い私たちの声はどんどん小さくなって呼吸はしやすくなるが、[9] そのことにより高齢者は大きな声で長い時間にわたり声を出すのが難しくなる。私が用いた刺激音声についても、サウンドスペクトログラム[10]を見ると話者が声に感情を乗せたときには、ピッチだけではなく音声の長さや音の大きさも異なっていた。これらの要因のすべてが話者の年齢の推定に影響を与えていた可能性がある。

ここで感情の種類と知覚される年齢の関係について考えてみると、幸福な声（陽気な声）で話した場合には声の高さは一般に高くなるから、高齢になるほど話声位が低くなる女性は、陽気な声で話す方が若いときの声（話声位が高かった）に近くなり、そのため若いと判断されやすくなると考えられる。一方、男性の場合は高齢になるほど一般に話声位が高くなるから、陽気な声で話すと実年齢よりも老けて聞こえそうなものである。しかし、実験結果ではそうはなっておらず、陽気な声で話してもやはり若く知覚された。ただし、女性の場合とは異なり、ニュートラルとほとんど変わりがなかった。若いと思われたいのであれば、幸せそうな陽気な声で話すことは、特に女性にとってはとても有効な方法であると言えるだろう。

また、男女ともに悲しい声（沈んだ声）で話すと、陽気な声の場合よりもより老けているように知覚された。自分を若く印象づけたいのであれば、気分が落ち込んでいるときでも声だけは明るく保つように心がけた方がよいだろう。週刊誌でもＴＶの美容番組でも、若く見せるためにはどんな化粧をしてどんな表情をすればよいのかについて取り上げることが多いが、その多くが顔や表情に注目しがちである。しかし、声が表す感情によっても人の「見かけの年齢」は影響を受けることがわかった。明るく陽気な声で話すことにもっと気を使ってもよいのではないだろうか。

## 笑顔は老けて見える!?

写真を撮る人が「ハイ、チーズ」と相手に呼びかける光景をよく見かける。なぜ「チーズ」なのか？　皆、深く考えもせずに「チーズ」と言っているようである。しかし、映画「男はつらいよ」の中で、寅さんがみんなのために写真を撮ってあげるときに、「ハイ、バター」と言ってひんしゅくを買ってしまう場面がある。なぜチーズは良くてバターではいけないのか？　寅さんにしてみれば、チーズでもバターでも大して差はないじゃないかと思っているから、つい間違えたのかもしれないが、構音[11]（調音）の観点から言うと「チーズ」と「バター」ではその効果はかなり違う。

「ア」を発音するときは口を大きく開ける。大声で笑うときには確かに口を大きく開けるが、実は恐ろしい場面を見て恐怖の頂点のときにも、人は口を大きく開けて叫ぶことがある。キャー！　ところが「イ」を発音するときは、口を横に伸ばし口角が上がる。こうすると笑っているように見える。嘘だと思ったら、鏡の前で「イ」と言いながら悲しい表情を作ってみよう。口角を上げたままで泣き顔を作るのはなかなか難しい。恐怖の場合もやはり「イ」と言いながらでは、なかなか恐怖の顔にならない。つまり写真を撮る（撮ってもらう）ときは、笑顔で幸せそうな顔をすることを暗黙の了解としているから、一番幸せそうな顔を作りやすい［イ］を言いましょう、ということなのである。やはりバターでは駄目なのだ。実際、集合写真の中の多くの顔が微笑むか笑っている。笑い顔は相手に親近感や安心感などを与える効果があるだけではなく、若く見せる効果も大きい。

化粧品会社の広告写真を見ると、たいていモデルがニコニコしている。デパートのバーゲンセールのチラシでも、たいてい外人モデルがニコニコしている。相手に良い印象を与えようとしているのだろうが、若いことをアピールしているとも言える。確かに怒り顔や泣き顔では、スーツやコートの売れ行きが伸びそうには思えない。また、わざわざ老けて見せようと思って化粧品を買う人もまずいないだろう。笑顔によって、「この口紅で、こんなにきれいで若くなれるのです」ということを、化粧品会社は宣伝したいのではないだろうか？

アメリカの大手化粧品メーカー、エスティローダーの前会長レオナルド・エスティローダーは、「不景気なときは口紅が売れる」と言った[12]。これは、不況のときは景気の落ち込みとともに消費者の心も負の気分へと傾いていくが、そのような周りの雰囲気に対して、女性は比較的安価な口紅を購入して、きれいに見せようとしていると考えられる。気分を明るくする感情はポジティブな感情であるから、明るい気分を誘導するためには、表情な

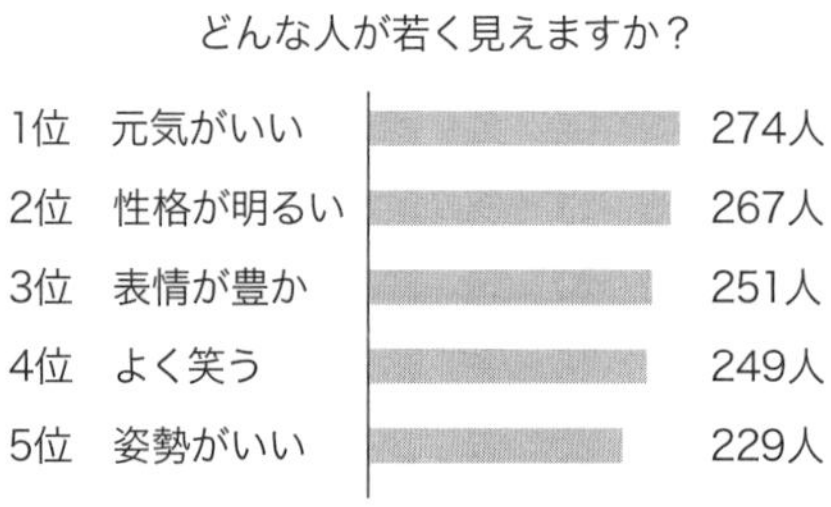


**図5・2　ＷＥＢ調査の結果**

（http://wol.nikkeibp.co.jp/article/special/20110825/113623/?rt=nocnt）

らやはり笑顔を作るのが一番である。前述したＷＥＢ調査の記事では、人の顔は笑うと頬が高く口角も上がり逆三角形の印象が強くなるから、笑顔は若く見えるのだとも書いてある。実際、どんな人が若く見えるかを尋ねたところ、「よく笑う人」という答えが第４位になっている。

こうしたことを考えると、「笑顔は自分を若く見せる」と信じる人が多いとしても、不思議ではない。実際、そのことを実証した論文もある。

ヴォールケルら[13]は、若者、中年、高齢の男女１５４名の人たちに、若者、中年、高齢の男女１７１名の写真（全部で２０５２枚）を見せて年齢を推定してもらった。写真の顔は、怒り（angry）、恐怖（fearful）、嫌悪（disgusted）、幸せ（happy）、悲しみ（sad）、ニュートラル（中立的な表情）の六つの表情のいずれかであった。実験の結果、年齢を推定する能力は加齢とともに低下することや、若者と高齢者のグループの人たちは自分と同年齢のグループの人を見た場合の方が、他の年齢のグループを見た場合よりも、正確で偏りのない感情判断をすることがわかった。しかし、性別による判断の差は認められず、同性を見た場合の方が異性を見た場合よりも、判断がより正確になることはなかった。また、総じて高齢者の年齢を判断する方が、若者の年齢を判断するよりも難しかった。さらに、表情は年齢推定に大きな影響を及ぼすこともわかった。感情を込めていないニュートラルな表情の場合は最も正確に年齢推定ができ、幸せな表情の場合は最も過小評価、すなわち実年齢よりも若く推定されていた。この結果は、経験的によく言われてきたことを実験で示したものと言える。

しかし、最近この実験結果を覆す論文が刊行された。イスラエルの心理学者ガネルによれば、笑うと顔、特に目元に皺ができて、そのために老けて見えやすいというのである。[14] ガネルの実験ではさまざまな実験条件と刺激セットを用いて、同一人物のニュートラルな顔写真と幸福そうな笑顔の顔写真を比較させている。その結果、笑顔が一貫して老けているると判断された。そして、その原因としては、笑顔になるとできる主に目のあたりの皺を観察者が無視できないためであると考えた。この発見によって、笑顔と年齢知覚の関係についてこれまで長い間「定説」とされてきた「笑顔は若く見える」という考えは、「誤解」であったと主張された。

確かに、老人の顔にはたくさんの皺が深く顔に刻まれていることが多いから、皺の目立つ顔は当然老けて見えるだろう。幸せな顔や笑顔がかえって老けて見えるのだとしたら、これまで皆がやってきたことは、単なる間違った思い込みだったということになる。写真で「ハイ、チーズ」と言ってポーズをとってきたことを、どう考えればよいのだろうか？「ハイ、バター」でもよかったのではないか？

しかしながら、ガネルの結果は必ずしも一般的なものではない。やはり笑った方が若く見えると主張する論文がその後も刊行されている。[15] それらの論文では幸せな顔は若く見えることを実証している。いったい幸せそうな顔は話者の実年齢よりも若く見えるのか、はたまた老けて見えるのか？

このような矛盾が研究結果の間で生じるのは、顔は感情とともに動いているのに、表情写真では特定の瞬間のみを捉えて写しているためと考えられる。たとえ笑顔の写真であっても、感情的なクライマックスの瞬間を捉えた場合には顔の皺は深いものとなる。したがって、表情写真を使用した笑顔の研究は、笑顔の写真がどの瞬間に撮られたものかによって、若くも見えるし老けても見えるという大きく異なる結果を導いてしまうのではないかと推測できる。

試しに、私が実験に用いたビデオ映像の中から、表情のクライマックスな一瞬を捉えた

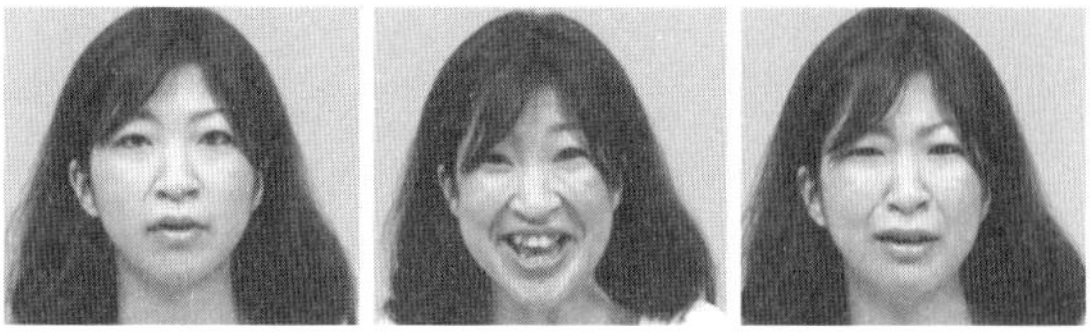

図5・3　一番若く見えるのは、どの顔？（著者作成）

一コマ（写真）を並べて上に載せるので、どの写真が一番若く感じられるのか比較してみてほしい。

ここまでの話をまとめてみると次のようになる。実験で用いられる表情を写した写真（表情写真）は、表情のクライマックスな瞬間を捉えたものである。したがって、典型的な笑い顔や怒り顔などである。その結果、笑ったときにできる皺も強烈なものになる。言い換えれば、表情運動をして動いている顔のどの瞬間を撮った写真であるかによって、その表情写真を見たときの年齢判断も異なってくる、ということになる。

日常のコミュニケーション場面では、相手の静止像と話をすることはないし、一瞬を捉えて相手の感情を判断することもまずない。たいていは一連の行動の中で相手の感情を認知する。このように考えると、表情写真を用いた実験研究は私たちの日常生活に根ざしたものであるというよりも、「実験室の中での実験」と言えるかもしれない。実験室の中での実験をより日常生活場面に近づけるためには、普段私たちがやっているように、一連の行動の中で年齢判断を行うことが必要になる。それにはビデオを使う映像実験（ビデオ実験）が向いている。

ビデオの場合には顔の筋肉の動きが映像として見ている人に伝わる。人は加齢とともに口周りの筋肉をあまり使わなくなるから、発音に必要な構音運動もアバウトになり、より一層の加齢（老け）を感じさせる可能性が高くなる。また、同様の理由で全体的に表情も乏しくなる。その一方で、逆の可能性も考えられる。すなわちビデオでは映像の動きに合わせて表情の動き方に注意が向けられるため、皺に向ける注意が減るかもしれない。その結果、実年齢よりも若く見えるかもしれない。写真とビデオのどちらの方が年齢判断により大きな影響を及ぼすのかは、やってみないとわからないが、幸福の場合も悲しみの場合も、日常生活場面に近いビデオの方が実年齢により近い印象を与えるだろうことは容易に予想できる。

## ビデオの中の笑顔の効果

ビデオでは動きと同時に音（音声）も吹き込まれている。しかし、写真の場合と比較するためには声のない方がよい。そうでなければ、動きのある／なしの効果を直接比較できない。そこで、ビデオで音声がない場合をＶＯ条件（表情運動のみを提示）、通常のビデオと同じ場合をＡＶ条件（表情＋音声を提示）として両方の実験を行い、結果を検討してみることにした。ＶＯ条件（表情運動のみ）では、写真の場合と比較するにあたって、動きがあるかどうかの効果に焦点を当てることができる。さらに、ＡＶ条件（表情＋音声）ではＶＯ条件と比較することによって、動きに音声が加わることによる効果を明らかにすることができる。

**ＶＯ条件（表情運動のみ）の場合**

平均年齢20・４歳の参加者１９３名を、話者の感情ごとに三つのグループ（$G_1$、$G_2$、$G_3$）に分けた。全員が音声のみの実験には参加しておらず、刺激ビデオを見たのも初めてであった。

$G_1$　ニュートラル　59名
$G_2$　幸福　68名
$G_3$　悲しみ　66名

刺激は、ＡＯ条件（音声のみ条件）で録音したのと同じ話者、すなわち24～75歳の24名の日本人俳優の表情をビデオ収録したものであった。ただし、音声部分は除去してある。AO条件と同様の短い日本語の文章「本当ですか？　信じられません」をニュートラル、幸福、悲しみの三つの感情でそれぞれ表現している。

同一話者の表情は一度の実験において一回のみ提示されるようにした。これは大切なことで、ガネルも論文の中で指摘していることだが、同じ人のいろいろな表情を何度も見せることは年齢判断をゆがめるバイアスとなる。特に幸福（笑顔）は一般的に「若い」と知覚しやすいので、例えば、初めに幸福（笑顔）を見せた後で数試行後に同じ人の悲しみの表情を見せると、その人の幸福の表情が記憶に残っているからその影響を受けてしまう。そのようなことが起こらないようにするためには、同じ人の表情を一度しか見せないようにして、参加者を表情別にグループ分けする必要がある。そこで、例えば幸福を見せるグループには他の表情は見せないようにした。

実験を始める前に、そもそもビデオ映像に用いた表情はどのような感情に知覚されやすいのかを調べておいた。新たに24名の被験者を集めて、表情についての感情判断を求めた。その結果、同定率（話者が意図した感情と同じ感情を答えた割合）はニュートラルでは56・4％、幸福では94・6％、悲しみでは47・4％であった。ニュートラルと悲しみの表情は同定率が低く、この二つの表情は音声が聞こえず映像だけが与えられる場合には判断が

表5・1　音声の聞こえないビデオ映像を見て、表情のみを判断する場合の同定判断の結果（Shigeno, 2019）

| 表情 | | 知覚された感情（%） | | | | | |
|---|---|---|---|---|---|---|---|
| | | ニュートラル | 幸福 | 怒り | 嫌悪 | 恐れ | 悲しみ |
| ニュートラル | 平均 | 56.4 | 3.8 | 17.9 | 16.0 | 2.6 | 3.3 |
| | 標準偏差 | 21.2 | 7.3 | 13.8 | 12.8 | 3.2 | 3.5 |
| 幸福 | 平均 | 2.4 | 94.6 | 0.7 | 1.0 | 0.5 | 0.7 |
| | 標準偏差 | 5.3 | 12.6 | 2.4 | 4.3 | 1.9 | 1.6 |
| 悲しみ | 平均 | 5.2 | 3.6 | 13.5 | 16.7 | 13.5 | 47.4 |
| | 標準偏差 | 6.6 | 6.3 | 10.7 | 10.5 | 10.1 | 14.8 |

難しくなることがわかった。一方、幸福の場合は同定率が94・6％と非常に高く、笑顔の表情を見るとすぐに幸福と同定されやすいことがわかった（表5・1）。

年代別かつ感情ごとに、4名の話者に対する判断の平均値を全被験者の間で平均して比べてみた。図5・4を見ると、三つの感情の間で差はなく、若い話者は若く、高齢の話者は高齢に判断されていることがわかる。ビデオ（表情運動）から得られたこの結果は、笑顔の写真がニュートラルの写真よりも老けて見えるというガネルの結果を支持しないだけではなく、笑顔の写真はニュートラルの写真よりも若く見えるという他の研究者たちの結果をも、ビデオ実験では支持されないことを示している。その代わり、三つの表情（ニュートラル、幸福、悲しみ）に対する年齢の知覚は、多少のデコボコはあるにしても感情の違いによる差はほとんどないことがわかった。つまり写真（静止画）を見た場合とは異なり、動きのあるビデオ映像を見た場合の年

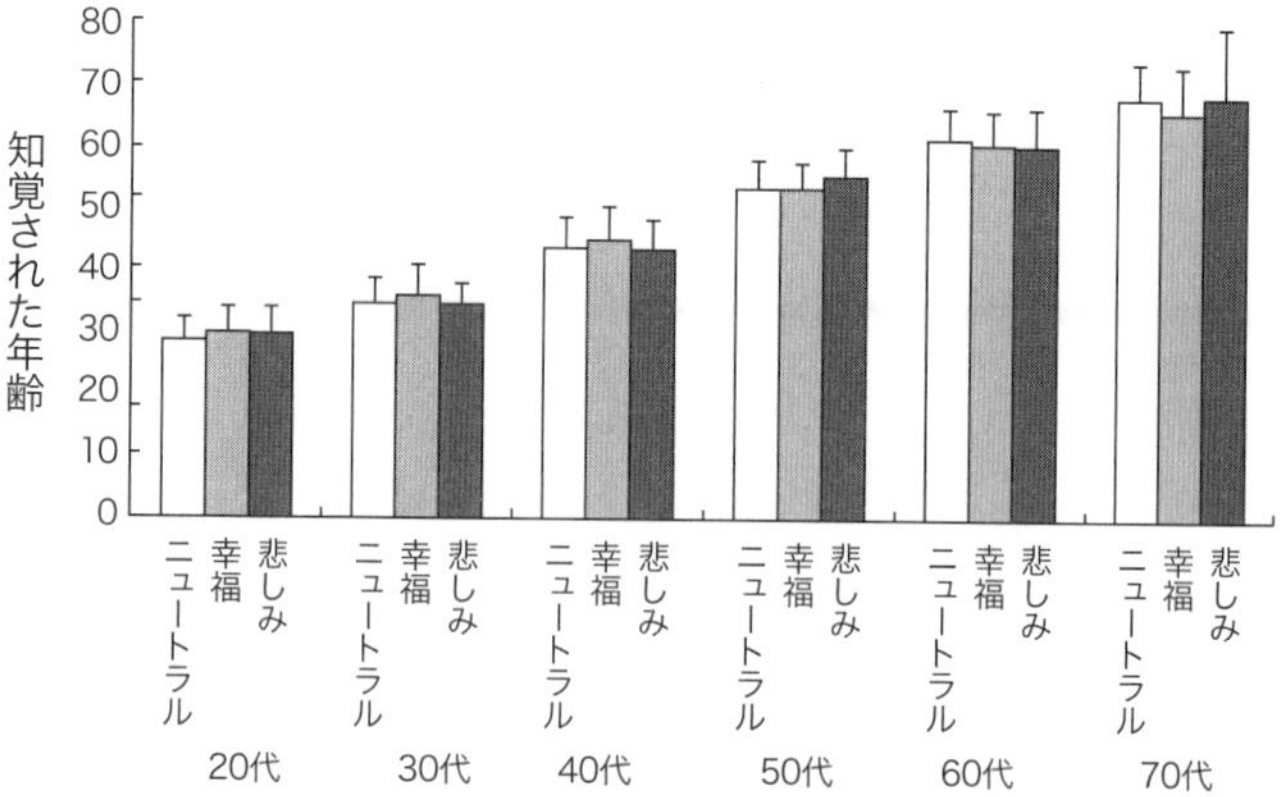

**図5・4　ビデオによる表情認知実験の結果（音声なしの場合）**

（Shigeno, 2019）

齢判断は表情による影響は受けないことが明らかになった。

ビデオは表情運動の一瞬を捉えた写真と違って、時間経過とともに一連の動きを提示する。そして、その動きを見ることによって、感情が年齢知覚に与えるバイアスは消失し、動きをもとにした年齢判断が実年齢に近い正確な判断を導くのであろう。

## AV条件（表情＋音声）の場合

AO条件（音声のみ）にもVO条件（表情運動のみ）にも参加していない60名が、新たに実験に参加した。VO条件のときと同様に三つのグループに分けた。

$G_1$　ニュートラル　20名

表5・2　ビデオ（音声と表情）実験における同定判断の結果（Shigeno, 2018）

| 表情 | | 知覚された感情（%） | | | | | |
|---|---|---|---|---|---|---|---|
| | | ニュートラル | 幸福 | 怒り | 嫌悪 | 恐れ | 悲しみ |
| ニュートラル | 平均 | 53.4 | 0.6 | 21.4 | 20.6 | 2.0 | 2.0 |
| | 標準偏差 | 18.5 | 1.5 | 16.5 | 15.5 | 2.5 | 3.1 |
| 幸福 | 平均 | 3.2 | 95.6 | 0.2 | 0.5 | 0.4 | 0.4 |
| | 標準偏差 | 3.9 | 4.8 | 0.9 | 0.9 | 1.3 | 1.3 |
| 悲しみ | 平均 | 1.6 | 2.4 | 5.6 | 8.5 | 18.5 | 63.5 |
| | 標準偏差 | 2.1 | 2.1 | 5.8 | 8.3 | 10.8 | 13.3 |

$G_2$　幸福　20名
$G_3$　悲しみ　20名

AV条件の場合も、実験前に各感情がどのように同定されるのかを調べておいた。判断したのは$G_1$〜$G_3$とは別のこれまで実験に参加したことのない21名の被験者だった。その結果、同定率はニュートラルでは53・4%、幸福では95・6%、悲しみでは63・5%だった。この結果はVO条件の結果とほぼ同じであった（表5・2）。

次に、感情別に話者の知覚された年齢の平均値を算出して比べてみたところ、図5・5に示すように、年齢判断についてもVO条件の結果とほぼ同じであった。

前述したように、音声だけを聞いて年齢を推測するAO条件では、幸せな声で話す話者の年齢は実年齢よりも若く知覚された。しかし、VO条件（音声なしのビデオ）では幸福な表情であっても年齢判断は影響を受けなかった。さ

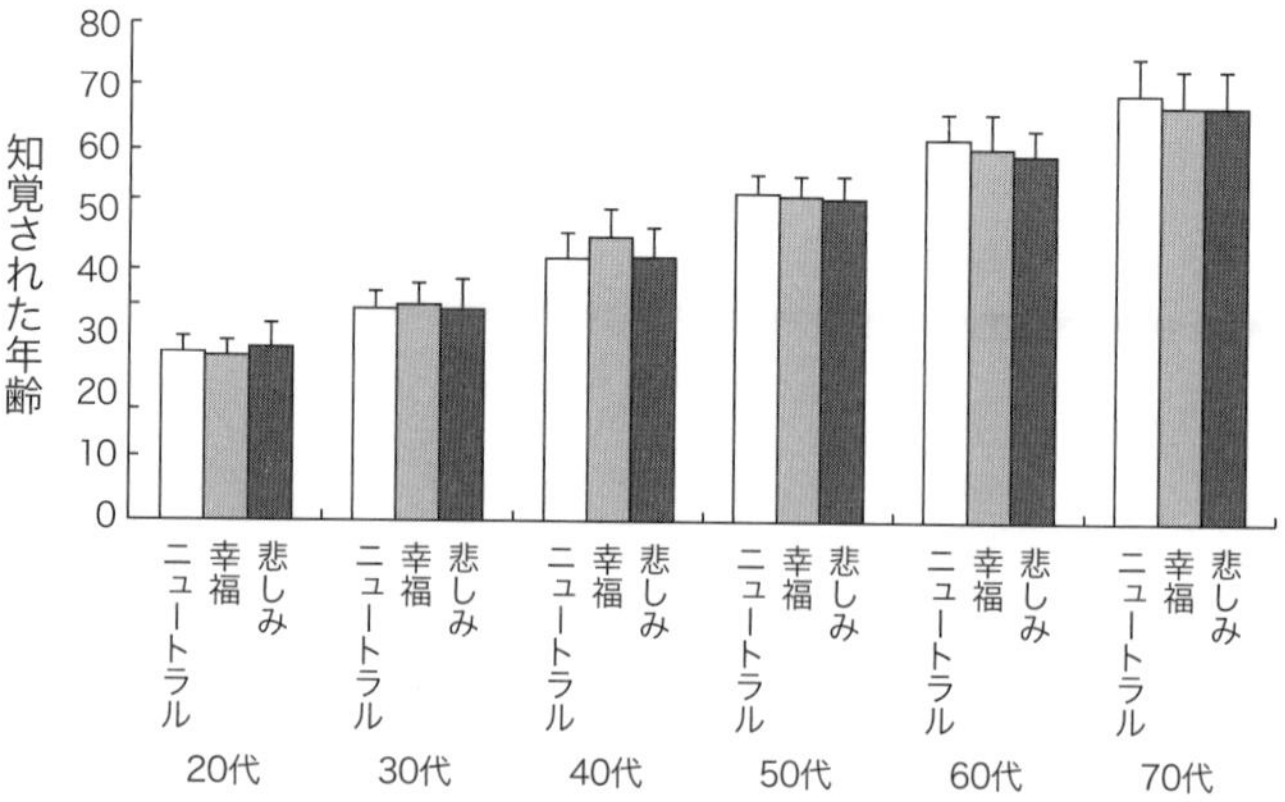


**図5・5　ビデオによる表情認知（音声ありの場合）**（Shigeno, 2018）

らに、ＡＶ条件（音声ありのビデオ）では幸福な音声と幸福な表情は同時に提示されていたが、結果をみると実年齢よりも若く知覚されることはなく、老けて知覚されることもなかった。つまり年齢を過小評価するという幸福な音声の効果は、幸福な表情を見ることによって相殺されてしまったのである。そして、過大評価（実年齢よりも老けて見える）もなかった。ＡＶ条件のような普段見ている動きのある映像やビデオの視聴においては、話者の表情を見ながら感情音声を聞くという両方の行動がとられていることによって、話者の年齢に対する知覚は影響を受けないことがわかった。

このことは少し考えてみれば当たり前のことである。日常会話において、話していると

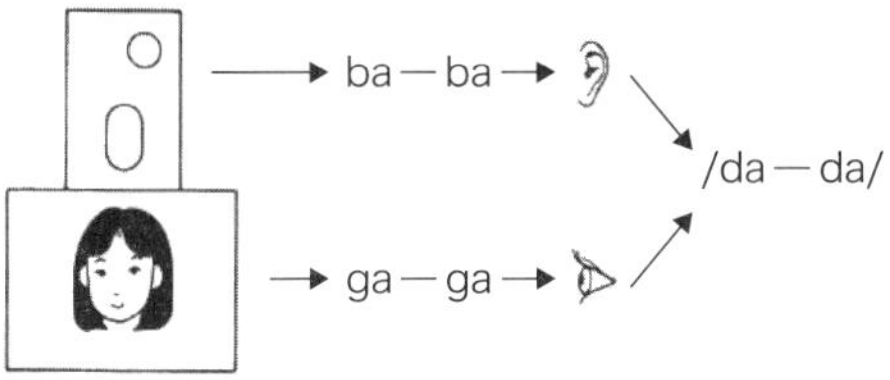


**図5・6　マクガーク効果**（重野, 1993）

きに相手の喜怒哀楽の表情変化に応じてその人が若く見えたり老けて見えたりすることはふつうはない。結局、笑顔は若く見えるのか老けて見えるのかというガネルと他の研究者の間の論争は、「コミュニケーション場面の一部分をどう切り取るかによるもの」と結論できそうである。

音韻知覚では、目（視覚）から口の動きについての情報が与えられると、耳（聴覚）に与えられた音韻の知覚が変容して聞こえることが知られている。[16] これをマクガーク効果（McGurk effect）と言う。例えば、視覚的には唇を開いて発音する /ga/（非唇音）と聴覚的には唇をいったん閉じてから破裂させて発音する /ba/（唇音）を同時に提示すると、聞き手の多くは /ga/（目から与えられた視覚情報）でも /ba/（耳から与えられた聴覚情報）でもない /da/ に聞こえる。これは融合反応と呼ばれる。さらに、これとは逆に目（視覚）から /ba/（唇音）、耳（聴覚）から /ga/（非唇音）を同時に提示すると、多くの聞き手には両方の子音を含む /bga/ のように聞こえる。これを複

**表5・3　年齢区分によるマクガーク効果の出現率の比較**

（McGurk & MacDonald, 1976）

| 刺激 | | 被験者 | 反応（%） | | | | |
|---|---|---|---|---|---|---|---|
| 聴覚 | 視覚 | | 聴覚 | 視覚 | 融合 | 複合 | その他 |
| ba-ba | ga-ga | 3―5歳（n＝21） | 19 | 0 | 81 | 0 | 0 |
| | | 7―8歳（n＝28） | 36 | 0 | 64 | 0 | 0 |
| | | 18―40歳（n＝54） | 2 | 0 | 98 | 0 | 0 |
| ga-ga | ba-ba | 3―5歳（n＝21） | 57 | 10 | 0 | 19 | 14 |
| | | 7―8歳（n＝28） | 36 | 21 | 11 | 32 | 0 |
| | | 18―40歳（n＝54） | 11 | 31 | 0 | 54 | 4 |
| pa-pa | ka-ka | 3―5歳（n＝21） | 24 | 0 | 52 | 0 | 24 |
| | | 7―8歳（n＝28） | 50 | 0 | 50 | 0 | 0 |
| | | 18―40歳（n＝54） | 6 | 7 | 81 | 0 | 6 |
| ka-ka | pa-pa | 3―5歳（n＝21） | 62 | 9 | 0 | 5 | 24 |
| | | 7―8歳（n＝28） | 64 | 0 | 0 | 32 | 0 |
| | | 18―40歳（n＝54） | 13 | 37 | 0 | 44 | 6 |

合反応と言う。マクガーク効果は、話し言葉の経験が浅い幼児や児童よりも経験が豊富な成人の方が顕著に生じやすい。

このように音韻知覚では目（視覚）と耳（聴覚）からの情報が統合される。しかし、ビデオによる年齢判断の実験では、表情運動（視覚情報）が音声の感情（聴覚情報）に影響することも、話者の年齢判断に影響することもなかった。そして年齢判断は比較的正確に行われた。こうしたことを考えると、音韻知覚と感情認知においては視聴覚情報の統合プロセスは異なることが考えられる。音韻知覚では聞き手は自らが聞いた聴覚情報と目で見た視覚情報を統合して知覚する。しかし、感情認知の場合には表情の表す感情の方を優先して認知し、そのため視覚のみ条件から視覚+聴覚の条件になっても年齢知覚が影響を受けることはなかったと考えられる。

年齢判断が感情認知によって影響を受けたのは、映像を伴わない感情音声が単独で与えられた場合だけだった。第1章で見たように、音韻知覚では相手の言葉を聞く際には話し手の言葉は聞き手の聴覚機構をはたらかせ、聴神経を伝わって聞き手の脳に届く。聞き手の脳ではすでに多くの神経活動が起きていて、それは耳から届いた神経インパルスによって変化させられ、それによって話し手の言った言葉を認識するようになる。[17] 例えば、話し手が［red］と言ったのを聞いたとき、聞き手の方も［red］という言葉を知らなければ発話に対応する言葉を正しく聞き取れず、［led］と聞いてしまうかもしれない。［red］を正しく聞き取るためには、聞き手の脳にも話し手と同じ［red］に対応する神経活動が起きていると考えられる。

一方、音声による感情認知では相手が悲しんでいるからといって、必ずしも自分もそれに対応するような悲しみが生じなければ「悲しみ」を認知できないということはない。相手が喜んでいても悲しんでいても、多くの場合、聞き手はそれに左右されずに自らの感情を生じる。たしかに相手の感情を我がことのように共有することが時にはあるとしても、少なくとも話し手の感情を認知するためにはいつも自分も相手と同じ感情になっているとはかぎらない。このように考えると、感情認知は音韻知覚のそれとは異なるプロセスを辿ると考えられる。しかしながら、表情認知においては他人の嫌悪の表情を見ている時と自分が嫌悪を感じている時とで、脳の同じ部位が活動するというfMRI（機能的磁気共鳴画像法）研究による報告[18]や、相手の表情を模倣できないようにすると、表情認知の成績が低下するということも報告されている。[19]表情による感情認知は多様な過程によって支えられていると考えられる。[20]

幸せな（陽気な）声は私たちに若いという印象を与えるが、笑う際の顔の筋肉運動は若い印象を与えるとは限らない。一方、動きを伴わない幸せな表情写真を見ることにより若く見えるか老けて見えるかは、表情の動きのどの瞬間を捉えるかによって大きく異なり、結果が分かれることになる。笑うことによって皺がかえって目立って深くなる人もいれば、一方で顔の逆三角形が引き立つ人もいる。

このように考えると、私たちを若く印象づける確実な方法は、幸せそうな明るく陽気な声で話すことが一番ということになる。ベルギーの心理学者モイセが述べたように、[21]「声は顔を聴覚的に対応させたものと見なされているが、それらが1対1に対応すると考えてよいのかどうかは疑わしい」のである。

今回紹介した声の感情と年齢判断の関係についての研究は、日本人の話者と日本人の聞き手の場合についてのものである。今回のようなビデオ実験の結果が得られたのも、日本人が音声の感情に敏感であることが関係しているのかもしれない[22]。

## 注

［1］http://wol.nikkeibp.co.jp/article/special/20110825/113623/?rt=nocnt

［2］Shigeno (2016).

［3］例えば、Eriksson, Green, Sjöstrom, Sullivan, & Zetterholm (2004) や Murray & Arnott (1993) など。

［4］幸福そうな声や陽気な声は、英語では cheerful voice と言う。

［5］例えば、重野 (2004).

［6］speaking fundamental frequency (SFF).

［7］西尾・新美 (2005).

［8］例えば、Brown et al. (1991)。

［9］Gorham-Rowan & Laures-Gore (2006).

［10］音声を音響的に分析して、時間の推移とともにフォルマント周波数の変化をグラフに表したもの。横軸に時間、縦軸に周波数をとり各周波数成分の強さを濃淡で表している。

［11］音声器官（声帯から唇まで）の形状を変えて個々の言語音を作り出すこと。調音（articulation）とも言う。

［12］ＩＴバブル崩壊直後の２００１年に、当時エスティローダー会長だったレオナルド・エスティローダーは「不況時には女性が口紅をたくさん買う」と言った。実際、婦人用の服や靴など他の物は不景気で売れ行きが落ち込んだのに対して、それほど高価な化粧品ではない口紅の売上高は伸び

た。これを口紅指数（Lipstick Index）と言う。なお、景気と消費にまつわる類似の効果はほかにもいろいろある。

［13］Voelkle, Ebner, Lindenberger, & Riediger (2012).

［14］Ganel (2015).

［15］例えば、Wang et al. (2015); Hass et al. (2016) など。

［16］McGurk & MacDonald (1976).

［17］Denes & Pimson／神山・戸塚訳 (1966) pp.4-5 より。

［18］Wicker et al. (2003).

［19］Oberman et al. (2007).

［20］鈴木 (2016).

［21］Moyse (2014).

［22］非日本語ネイティブについての実験も進行中である。近いうちに結果を公表したい。

# 第6章 日本語が作る日本人の感情世界

日本人の感情表出や認知に見られる特徴には、日本文化や日本語が深くかかわっている。どのようにかかわっているのかを考えるにあたり、日本語の話し言葉の単位であるモーラの特徴を考えるところから、アプローチを始めてみることにする。

## モーラ

語は音素の組み合わせによって作られている。音素とは、それ自体には意味はないけれども、意味の相違をもたらす最小の音声単位のことである。例えば、蔵［kura］と村（mura）は冒頭の［ku］と［mu］の［k］と［m］の違いにより異なる意味になる。したがって、［k］と［m］はそれぞれ一つの音素である。英語音声では多くの場合、一つの母音に1個または2個の子音が結合して音節ができる[1]（例えば、［on］、［cup］）。これに対して、日本語音声では子音の後に母音が続いて「かな一文字」を表すのが基本であり、日本語はかな一つが一音節となる。英語でも日本語でも、音節は基本的には母音ごとに区切られる。ただし、日本語では「ん」（例えば、「ちゃん」は「ちゃ」と「ん」の2音節）、「っ」（例えば、「きっと」は「き」「っ」「と」の3音節）のように、日本語の音節は英語の音節とは少し異なる。日本語の音節はモーラ（mora）と呼ばれる[2]。

英語の音節と日本語の音節（モーラ）の違いは、英単語を日本語読みするとその違いがよくわかる。英語の音節数よりも日本語読みした場合の音節数の方が著しく多くなる、例えば、spring（春）は英語では[spriŋ]で1音節の語であるが、日本語読みすると「す・ぷ・り・ん・ぐ」と発音され、5音節の語になる。

また、モーラはかな一文字に相当する時間的長さの単位であり、「す・ぷ・り・ん・ぐ」の「す」も「ぐ」も同じ長さで発音される。早口で話せば、（単位となる時間の長さが短くなるので）「す」も「ぐ」も両方とも短くなる。逆に、ゆっくり話せば両方ともが長くなる。モーラは日本語のリズムを作る音韻論上の最小単位であり、モーラの数が語の長さを決める。したがって、五七五（俳句）や五七五七七（短歌）は、それぞれモーラ数で言えば17モーラ（俳句）や31モーラ（短歌）の長さとなる。

モーラにはいくつかの種類があるが、一つの語の中ではどの種類のモーラでも同じ長さ

**表6・1　モーラの例**（重野, 2006）

| 一般モーラ | | 仮名 |
|---|---|---|
| | 母音 | あ |
| | 半母音＋母音 | わ |
| | 子音＋母音 | か |
| | 拗音（子音＋半母音＋母音） | きゃ |
| 特殊モーラ | 長母音 | あー |
| | 促音 | っ |
| | 撥音 | ん |

で発音される。例えば、「楽器」は［が］［っ］［き］の3モーラからなり、各モーラの時間長は等しい。つまり［が］［っ］［き］は三つのモーラがすべて同じ長さで話される。日本語を母語としている日本人なら、一つの語の中でモーラを不均等な長さで話されると、何となく奇異に感じて、すぐに日本語を母語としない外国人が話しているのだと感じてしまう。例えば、「言っています」（イッテイマス）を「イテイマス」のように話すのを聞くと、外国人が話しているとすぐわかる。外国人の中には、「っ」を他のモーラと同じ長さで話すのは簡単ではない人たちがいる。

表6・1にモーラの例を示した。母音、半母音+母音、子音+母音、拗音《よう》（／きゃ／のように、子音+半母音+母音）や、長母音（／うー／のような例で、2モーラの長さ）、促音《そく》（「きっと」の「っ」のように語中にある）、撥音《はつ》（「ん」のように語中または語尾の鼻音）などがある。

# 音に親しむ日本の文化

俳句、水琴窟、鹿威し…、日本の文化は昔から音と深くかかわっており、音の情景や逆に音のない静寂を楽しむ、という特色をもっている。

例えば、茶道では狭い茶室の静かな空間の中でさまざまな音が聞こえる（図6・1）。茶釜から湯を汲み茶碗に注ぐ音、ポンと茶さじを茶碗にあてる音、そしてお茶をいただくときには最後にズズーッと音を立てて飲み干す音などが聞こえる。これらの音はいずれも小さな繊細な音であるが、周りが静かであるからよく聞こえる。お茶を味わうだけではなく、こうした音も楽しみながら、主《あるじ》と客の間でやり取りが行われる。

図6・1　茶室

水琴窟は、音を楽しむことを目的として考案された日本独自の伝統的な音の装置である（図6・2）。江戸時代に庭師が手水鉢《ちょうずばち》の排水を目的として考案したもので、明治時代には盛んに作られたが、その後は使われることも少なくなっていった。底に小さな穴を開けた甕《かめ》を底が上になるよ

図6・2　水琴窟

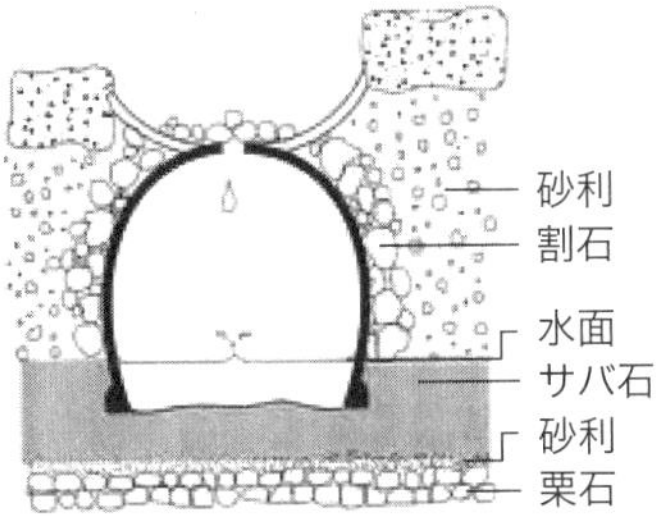


図6・3　水琴窟の構造

うにして埋め、手水の水がこぼれて地中に埋め込まれている甕に落ち、さらに甕の天井から「しずく」となって甕の中の溜まった水に落ちると音が鳴る（図6・3）。その際の音が共鳴して増幅され、縦穴を伝わって庭園にいる人たちの耳に届く、という仕掛けになっている。小さな音であるが、「キン」「コン」「カーン」のようなきれいな癒やされる音である。琴の音に似た美しい音が響くことから、水琴窟と呼ばれるようになったとも言われている。

鹿威《ししおど》しも、日本庭園でよく見られる音の装置である（図6・4）。一方の端が開放してある竹筒の中に水が灌《そそ》がれていくと、ほどなくして一杯になる。すると水の重みで竹筒が傾き、水力により中の水がこぼれて内部が空になる。中が空っぽになった竹筒は軽くなってすぐに元の傾きに戻る。そのとき、竹筒は石を叩いて音を発する。もともとは猪や鹿を追い払うために考案されたものであったが、京都の詩仙堂[3]が庭園の中に取り入れてから広まったと言われている（図6・5）。

図6・4　鹿威し

図6・5　詩仙堂

## 音声で作り上げられる落語の世界

太鼓や笛などの鳴り物が入って複数の演者がストーリーを繰り広げる歌舞伎や能とは異なり、落語は身振り手振りのみで噺《はなし》を聞かせ、一人で何役も演じる。衣装も紋付き姿[4]で、扇子と手ぬぐいのみで他の小道具は使わない。ストーリーの展開が、演者の演ずる噺と手振り身振りにより進められる日本独特の伝統演芸である。噺の最後に「オチ」がつくのが特徴である。

舞台装置はなく、座布団に座って噺で勝負する落語の世界は、まさに音（音声）の世界の中で繰り広げられている。落語家はあるときは若旦那に、ある時は芸者に、ある時は老僧になる。声色、話し方、仕草などで身分も老若男女も演じ分ける。喜怒哀楽の感情についてもこれらの方法でのみ表現することが必要なため、高度な技芸が必要である。身振りや仕草からのヒントはあるにしても、聴衆は主に演者の声に集中して噺に聞き入る（図6・6）。

**図6・6　古今亭志ん朝**（三代目）

言葉を話すことによって成り立つ落語だが、実は言葉と言葉の間に挟む「間《ま》」が重要である。桂歌丸は「間のいい人は、つまんない噺やっても受けるし、間の悪い人はどんな面白い噺やっても受けないんです」と、落語において「間」がいかに重要かを語っている[5]。つまり、ある言葉をどう聞くかは、その前後にどのような「音のない時間」があるかどうか次第ということなのである。落語はほとんどが演者の語りを中心に進行するのに、受けるか受けないかは語ることよりも音（音声）のない「間」の方によるというのは、とても興味深いことである。こうして、日本人は「話をしていない短い時間」という微妙な間合いに注意を向けながら噺を聞き、落語家が演じる噺の世界の中に入っていく。まさに日本人は、音がある場合もない場合もそれらを「きいて」いるのである。

## 日本語の名乗り方

日本では通常、初対面の場合、特にビジネスの場面では最初に自分の所属する会社、次に部署名を言い、さらに社内の身分や仕事の内容などを続けて、最後にやっと自分の名前を名乗ることが多い。例えば、「いろは株式会社（会社名）の佐藤（自分の名前）と申します。」「いろは株式会社、第一営業部課長で、主にアジア向けの販売促進の責任者をしております鈴木と申します。」のように名乗るのが一般的なようである。一方、欧米、例えばアメリカでは、"I'm Michael, a purchasing manager at ABC company." "I'm John Smith, I work for ABC supermarket" のように、まず名前を言い、その後に会社名や役職などを続けることが多いようである。

このように、日本では所属集団の名前や内容を自分の氏名よりも先に伝えることが多いのに対して、欧米ではその逆の順序で名乗ることが多い。学会発表や講演会などで自ら名乗ったり紹介されたりする場合も、「南北大学の高橋（自分の名前）です」「初めに、いろは株式会社会長の田中様からご挨拶をいただきます」のように言うのが一般的である。名乗られる方も、相手の氏名よりも何という会社（大学）でどのような身分でどんな仕事をしているかの方をまず知りたいようである。

日本人が英語で自己紹介をするときは、欧米流にまず自分の名前から言うのに対して、外国人が日本語で自己紹介するときは、日本流にはやっていないことが多いように思われる。"I'm Taro Yamada, I work for ABC company." と日本人は欧米流に名前から言うが、欧米人は日本語で言うときも日本流に「ワタシはＡＢＣ会社で働いているジョン・スミスです」とはまず言わない。代わりに、「ワタシはジョン・スミスです。ＡＢＣ会社で働いています」のように、英語の時の順序のまま、日本語でも名前を先に言うことが多いようである。つまり日本語で話す場合でも、日本流に所属先から名乗ることをしようとしない。彼らにとっては所属する集団（会社や大学）よりも、自分が誰であるかの方が重要なのでまず名前を名乗り、次に「どこから来たか」や「どのような仕事や研究をしているか」を言う。

自己紹介のときのこの違いは、日本人は組織の中の一員であることを重視しているのに対して、欧米人はまず自分という人間に付随するものとして組織を考えているためと考えられる。日本人は、○○会社の誰某《だれそれ》、△△大学の誰某というように、自分を集団の中に位置付けている。このような名乗り方は、アカデミックな集会やビジネスの場面だけではなく、学生が自己紹介するときにもよく見られる。年度冒頭の授業で自己紹介をしてもらうと、たいていの学生はクラス名、氏名の順で言う（A組の佐藤太郎です）。

「いろは会社の佐藤です」は「いろは会社の所有している佐藤」というような意味にもとれるが、私たち日本人はこのように言われても、助詞の「の」はこの場合は所有ではなく、出身や所属を表していることをすぐに理解できる。[6] 日本人にとっては、所属組織や職務内容や職位が自分を表す大切な一部であると考えれば、まず先に言っておくことは重要なことに違いない。こう考えると、仕事一筋だった会社員が定年退職すると、自分のアイデンティティが失われたように感じやすいということも頷ける。組織と自分が一体化していた長い期間のつながりが、失われてしまったように感じられるのだろう。

姓名の順序についても同様である。日本人は英語を話すときには姓名をひっくり返して言う（山田一郎 → Ichiro Yamada）。これに対して、欧米人は日本語で名乗る場合も自分の母語を日本語に置き換えるだけで（John Smith → ジョン・スミス）、ほとんどの人が日本語に合わせて順序を変えない（「スミス ジョン」とはふつう言わない）。

山田一郎は山田家の一郎であり、まずは山田（という家）に属していると名乗り、次にその中の一人であることが「一郎」と名乗ることによってわかる。しかし、John Smithと名乗った場合は、Johnであることがまずわかり、次にどの家のJohnであるかがわかる。日本語は形容詞が名詞の前に付き（「きれいな花」）、助詞が名詞にくっついて後の名詞を修飾する（「花の絵」）。言葉と文化とは深く結びついていることを、この章の冒頭で述べたが、どのような文化の中で暮らすかによって話す言語が身に付き、それによって話す順序が決まり、さらにどのような言語を使うかによって文化の中でどのようなやり方でコミュニケーションをとるのかが決まると考えられる。

## 少ない言葉で情感を伝える日本の歌

日本の歌謡曲は、２００８年のリーマンショックの後、海外で大流行した。[7]アメリカのオレゴン州に住む主婦は「歌声の感じが音楽にぴったり合っているわ」と言い、ニューヨークの国連本部で働いている男性は歌謡曲の魅力について、「何と言っているのかはわからないが、とても好きだよ。自然や海が心に浮かんでくるんだ」と感想を述べている。[8]

日本語を話せない海外の人々には日本語で歌われている歌詞の意味はわからないので、おそらくメロディの流れや歌詞の中の日本語の音《おん》としての響きに魅力を感じたのではないかと推測される。[9]

ここで歌詞について考えてみると、日本語はモーラを話し言葉の単位としており、基本的に母音が子音の後に続いて音節を構成する。そして等拍性、つまりどの音節も時間的に同じ長さをもつという特徴があり、さらに作詞の際には音符にのせる言葉の数に制約がある。そのため、一小節の中に少数の言葉しか置くことができない。歌詞は、曲に「意味」や「感情を乗せた言葉の響き」などのいろいろな効果を与えるはたらきがある。海外の人々は日本語を知らないのだから、「意味」はわからない。それでは『言葉の響き」の方に何か効果があるのだろうか?

さまざまな言語にはさまざまな音の響きに特徴がある。歌詞は言葉の連なりからなる。言葉は音節から成り、音節は音韻からできている。[10] 言語ごとに音韻は共通したイメージや感覚と結びつく場合がある。その一方で、異なる言語にわたって特定の音韻が特定のイメージや感覚と結びつくこともある。このような現象を音象徴（sound symbolism）あるいは音韻象徴（phonetic symbolism）と呼ぶ。例を挙げると、「あ」を含む語は「い」を含む語よりも大きい対象を指しているような感じがする。また、図6・7のような二つの図形を見ると、ほとんどの人が曲線図形の方をブーバ、ギザギザ図形の方をキキと答える（ブーバキキ効果）。ただし、このようにある音（音韻）と特定の感覚が結びつく現象は、言語を問わずに共通してみられるとする報告がある一方で、その普遍性に関しては議論が多いのも事実である[11]。

メロディは、音楽的にまとまりがあるように高さが上下する一連の音の連なりである。メロディはそれ自体に抒情性を伴い、喜びや悲しみを伝え、個人の思いを伝えるメッセージ性もある[12]。陽気なメロディは何か楽しいことを伝えようとしているような感じがするし、逆に沈んだ感じのメロディを聞くと悲しい気持ちになる。だから結婚式で流す曲と葬式で流す曲を逆にしたら、大変なことになる。

歌詞はメロディに乗って歌われることにより感情が表現される。ふつう、楽しいメロディには楽しい歌詞が付いており、悲しいメロディには悲しい歌詞が付いている。歌詞はメロディ以上に具体的な喜びや悲しみを伝えることができ、聞き手により詳しく心情を伝えることができる。

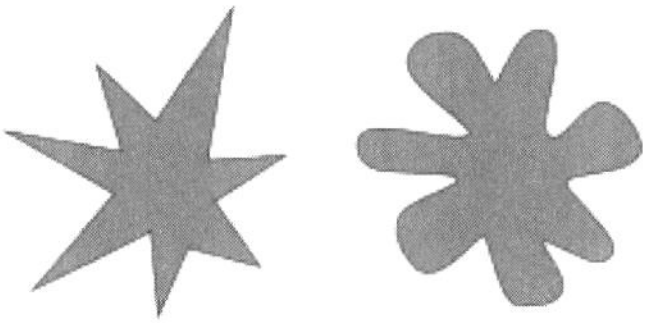

図6・7　ブーバキキ効果

このような歌詞の果たしている役割を調べるために行った実験を、次に紹介する[13]。この実験では、同じ曲をいろいろな言語の歌詞で歌った場合に、どのように印象が異なるのかを調べた。メロディが同じだから、歌詞の効果を言語同士の間で直接比較できる。この条件の下で、歌詞の意味がわかる（知っている）言語で歌われている場合と意味がわからない（知らない）言語で歌われている場合を比較すれば、いったい歌詞のどのような要素が、歌全体の印象にどのように影響するのかを検討することができる。つまり私たちが歌を聞いてさまざまな感情を抱くのは、歌詞が伝える「意味」によるものなのか、それとも歌詞に含まれる「言葉の響き」によるものなのかを検討したのである。

## 13か国語の歌詞による検討[14]

アカデミー長編アニメ映画賞を2013年度に受賞したウォルト・ディズニー・アニメーション・スタジオ製作の「アナと雪の女王」（原題“Frozen”）は、世界中で大ヒットし、日本でも2014年3月に劇場公開されている。その主題歌「ありのままで」（原題“Let it go”）はTVで幾度となく流され、カラオケでも多くの人に歌われるほどの人気を博した。この主題歌は旋律（メロディ）が同じで歌詞がいくつもの言語で歌われている。メロディが同じなので、（歌い手の違いは割り引かなくてはならないが）歌詞の響きについての印象を比較するのに恰好の曲である。

原曲の歌詞は英語で書かれており、作詞と作曲はそれぞれKristen Anderson-LopezとRobert Lopezによる。この曲を日本語、英語、中国語、アラビア語、イタリア語、スウェーデン語、スペイン語、デンマーク語、ハンガリー語、フィンランド語、フランス語、

| 英語 |
|---|
| The snow glows white on the mountain tonight,<br>not a footprint to be seen.<br>A kingdom of isolation and it looks like I'm the queen.<br>The wind is howling like this swirling storm inside.<br>Couldn't keep it in, Heaven knows I tried.<br>Don't let them in, don't let them see.<br>Be the good girl you always have to be.<br>Conceal don't feel, don't let them know.<br>Well, now they know!<br><br>Let it go, let it go.<br>Can't hold it back anymore.<br>Let it go, let it go.<br>Turn away and slam the door.<br>I don't care what they're going to say.<br>Let the storm rage on.<br>The cold never bothered me anyway. |

| 日本語 |
|---|
| 降り始めた雪は 足跡消して<br>真っ白な世界に一人の私<br>風が心にささやくの<br>このままじゃだめなんだと<br><br>戸惑い傷つき<br>誰にも打ち明けずに<br>悩んでたそれももう やめよう<br><br>ありのままの 姿見せるのよ<br>ありのままの 自分になるの<br>何も恐くない<br>風よ吹け<br>少しも寒くないわ<br>（高橋知伽江訳） |

| イタリア語 |
|---|
| La neve che cade sopra di me<br>Copre tutto...col suo oblio<br>In questo remoto regno<br>La regina...sono io<br>Ormai la tempesta nel mio cuore irrompe già,<br>Non la fermerà la mia volontà<br><br>Ho conservato ogni bugia,<br>Per il mondo la colpa è solo mia<br>Cosi non va, non sentirò<br>Un altro "no"<br><br>D'ora in poi lascerò<br>Che il cuore mi guidi in po',<br>Scorderò quel che so<br>E da oggi cambierò<br>Resto qui<br>Non andrò più via,<br>Sono sola ormai<br>Da oggi il freddo è casa mia<br><br>出典<br>https://www.youtube.com/watch?v=P9HPQVrBLx4&list=PLopvcxQF8ERyQX2fnkyed0oPkt8GJ_klv |

表6・2 「ありのままで」の歌詞（日本語・英語・イタリア語の例）

ポルトガル語、ロシア語の13か国語で歌ったものを実験刺激に用いることにした。13か国語は特定の語族に偏らないように、日本語以外にゲルマン語派、スラブ語派、ロマンス語派、セム語派、ウラル語派、中国語派などの主な語族の言語の中から選んだ。例として、日本語、英語、イタリア語の歌詞を表6・2に載せた。

実験では、言語の提示順が歌詞の印象に影響を与えないように、聞き手ごとにランダムに曲の提示順序を変えた。13曲すべてを日本人の大学生と大学院生24名が聞き、言葉の響きに関して、9個の形容詞対に対してセマンティック・ディファレンシャル法[15]（SD法）を用いて7段階で評定した。その際、歌い手ではなく歌詞の方に注目するように注意を与えた。形容詞対は、「深みのある－うすっぺらい」「にぎやかな－落ちついた」「上品な－下品な」「ドライな－抒情的な」「明るい－暗い」「強い－弱い」「映像が浮かぶ－映像が浮かばない」「好き－嫌い」「日本語に似ている－日本語に似ていない」であった。一曲評定するごとに、歌詞は何語で歌われていたかを答え、歌詞が何語かわかる場合はその言語名を書くように求めた。最後に、実験参加者は大学で履修した第二外国語を記入した。[16]

評定結果を見ると、言語間で評定結果が異なることや、英語と日本語は他の言語に比べて映像が浮かびやすいことがわかる。日本語や英語は意味がわかるので、映像が浮かびやすいかどうかは、歌詞の意味がわかるかどうかにかかわっているのではないかと考えられ

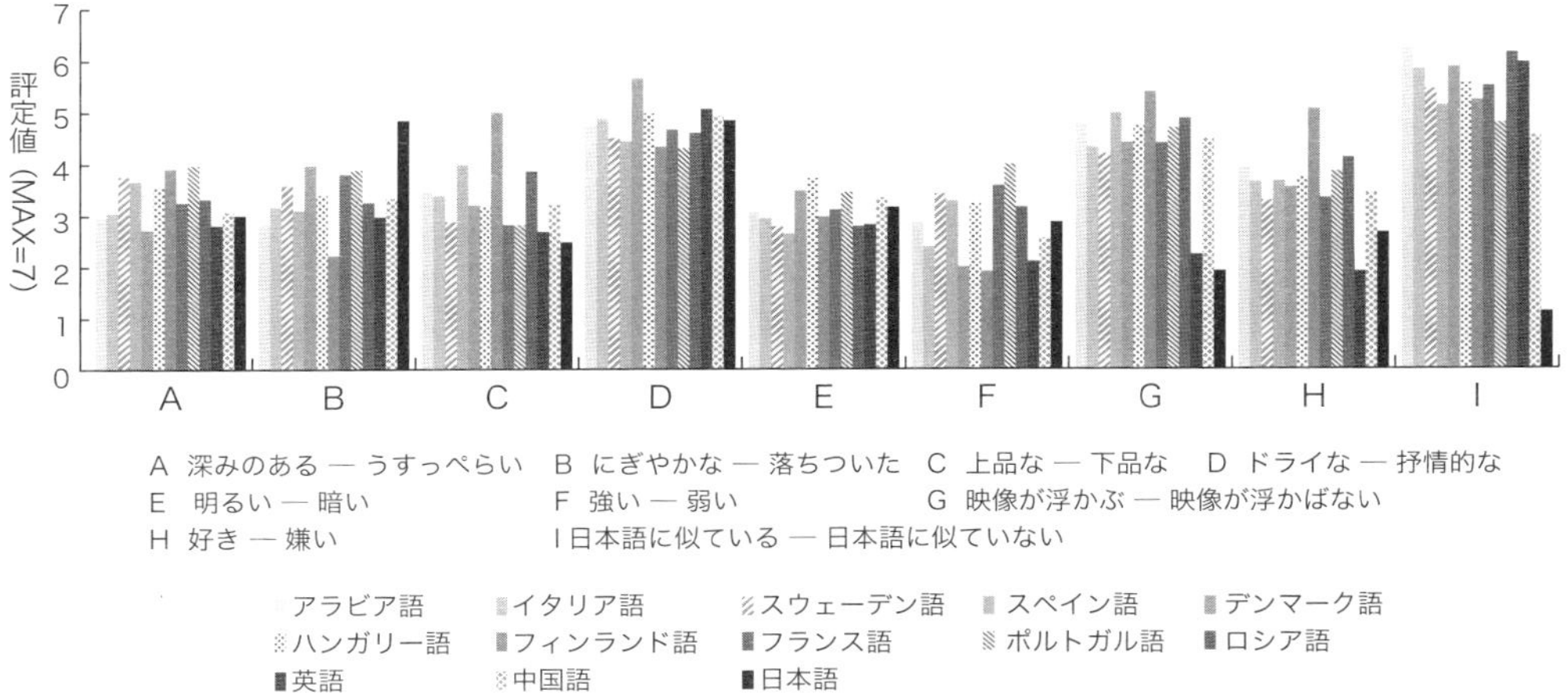


**図6・8　形容詞対ごとの13言語間の比較**（重野, 2017）

評定値（縦軸）は、A～Iの形容詞対の左側を1点、右側を7点として、全評定者の平均値を表している。

る。

音声による感情表現には言語の違いによらないユニバーサルな特徴と、言語ごとに異なる特徴の両方が存在すると考えられる。また、英語で書かれている同じ原文を訳した歌詞であっても、言語によっては原文とまったく同じ意味になっているとは限らない。そういったことの中で、言葉の意味がわかると映像を連想しやすいことが、一つの可能性として示された。

## 歌謡曲における母音の数の効果を調べる実験[17]

メロディや歌詞をよく知っている場合は、何かの思い出と結びついていることがあるため、客観的に判断しにくくなってしまう。そのようなことがないようにするためには、聞いたことのない曲を使って実験することが望ましい。現代の若者世代が聞いたことがあまりないと考えられるジャンルの一つに、歌謡曲がある。歌謡曲には若者世代がまだ生まれるずっと前の1970年代~80年代にヒットしたものが多数ある。現役大学生は、生まれるずっと前のことなので、聞いたことはないと考えられる。が、念のため実験を始める前に、大学生23名（平均年齢21・3歳、SD＝3・9歳）に、彼らがまだ生まれていない1970年代にヒットした11曲の歌謡曲を聞いてもらい、一度も聞いたことのない曲であるかどうかを尋ねた。その結果、選ばれたのは『千曲川』と『池上線』であった。いずれも１９７０年代に、それぞれ五木ひろしと西島三重子が歌ってヒットした曲である。日本語の歌詞が特別の意味をもっているのかどうかを調べるために、英語の歌詞についても実験を行った。英語の歌詞は、日英バイリンガルのミュージシャンが英語に翻訳したものを使用した。この二曲を男女２名の日本人プロ歌手が、日本語の元歌詞と翻訳された英語の歌詞の両方で歌った。

ここでは日本語で歌ったものをＪ条件、英語で歌ったものをＥ条件と呼ぶことにする。いずれの条件も25組の形容詞対についてＳＤ法を用いて、５段階で評定した。聞き手は、大学生１１１名（男性25名、女性86名）であった。日本語歌詞を聞く54名（Ｊ条件）と英語歌詞を聞く57名（Ｅ条件）の二つの群に分けた。

判断結果は得点化（1～5点）して平均を求めた。この際、二曲の結果は平均した。曲に対する印象は、歌詞の言語がＪ条件・Ｅ条件とも全体としては類似した傾向を示した（図６・９）。したがって、曲の全体的な印象は歌詞ではなく、メロディによって影響されやすいと言える。ただし、Ｊ条件の方がＥ条件よりも、「深みのある」「しみじみとした」「古風な」「不安定な」「言葉の響きが曲とあっている」と判断され、さらに「映像が心に浮かぶ」と判断されやすい傾向が認められた。やはり歌詞の言葉の意味がよくわかると、よ

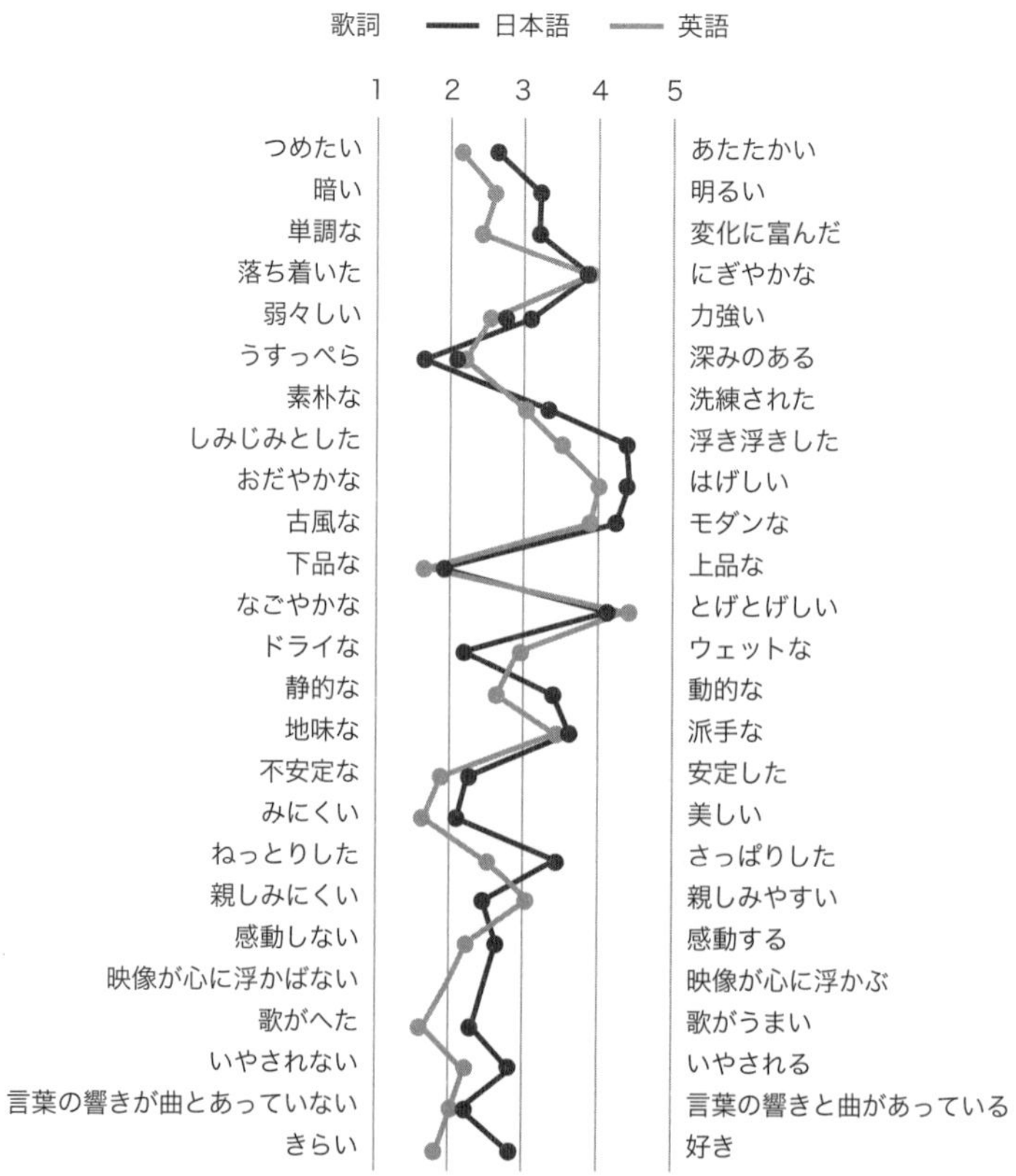


**図6・9　日本語歌詞と英語歌詞の結果の比較**（Shigeno, 2019）

り映像を浮かべやすくなることが、今回の実験でも確認された。

さらにＪ条件・Ｅ条件それぞれについて因子分析（主因子法、プロマックス回転）を行ったところ、Ｊ条件では３因子が抽出され（固有値１以上）、これらを情動因子、評価因子、活動因子と名付けた。一方、Ｅ条件では４因子が抽出され、情動因子、評価因子、活動因子、粘着因子と名付けた。

日本語歌詞でも英語歌詞でも、実験に用いた歌謡曲に対する印象が全体的に類似していたことは、歌の印象には歌詞よりもメロディの方が効果が強く[18]、そのために言語の違いによる影響は小さかったことが考えられる。しかし、「言葉の響きが曲とあっているかどうか」の評定に関しては、日本語歌詞の方がより高く評定される傾向であったことを考えると、言葉の響きが特定の視覚的イメージを生成すると考える音象徴[19]の影響の可能性も捨てきれない。

さらに同じフレーズや旋律の長さの場合、日本語の場合はモーラを単位としているために基本的に子音の後に母音が続いて一音節となり、音節数が多くなる。したがって、英語のように多くの言葉を用いて、状況や感情を説明することができない[20]。そのため歌謡曲では少ない言葉に思いを込めて歌うことが必要になる。「どのような言葉を用いるか」や「どのように感情を乗せるか」が重要であり、一つ一つの言葉の意味と込められた感情は、

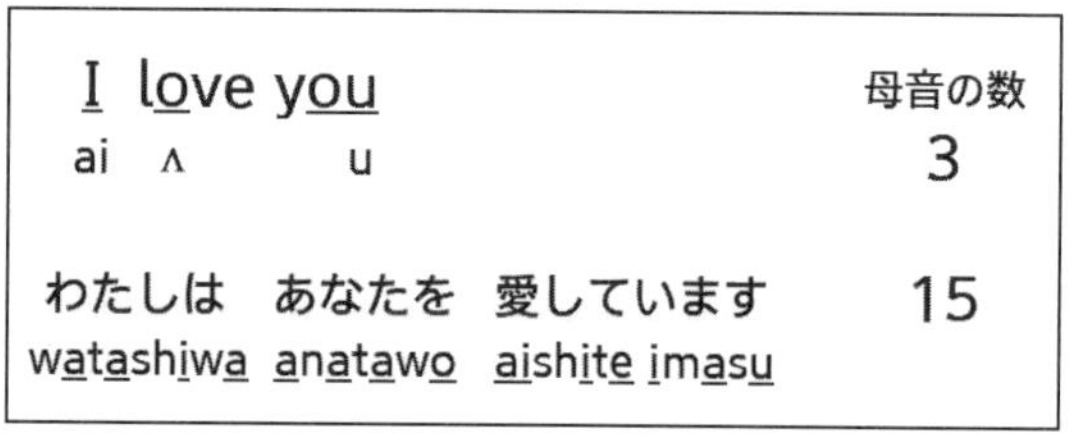

| I love you | 母音の数 |
|---|---|
| ai ʌ u | 3 |
| わたしは　あなたを　愛しています<br>watashiwa anatawo aishite imasu | 15 |

図6・10　英語と日本語の母音数の比較

歌謡曲の印象をつくる大きな要因となる。

例えば、「愛しています」は英語では"I love you"の3音節であるが、日本語で同じことを言おうとすれば、15音節（15モーラ）が必要となる（wa・ta・shi・wa・a・na・ta・wo・a・i・shi・te・i・ma・su）（図6・10）。英語なら音符が三つで済むところが、日本語では15個の音符が必要となる。しかし、曲の中にこの言葉一つを言うのに15個も音符を当ててはいられない。いきおい、少ない言葉数で同程度のインパクトを与えるような言葉選びが必要になる。そこで「愛している」（6モーラ）や「あなた」（3モーラ）などの言葉だけで"I love you"の意味を聞くものに伝えなくてはならない。そのためには、作詞家はいかに胸に響く言葉を歌詞の中に置けるか、歌手はいかに情感のこもった歌い方ができるかが問われるのである。

このように同じ長さのフレーズとメロディを使用していても、日本語と英語では伝えられる情報量が異なる。日本語では少ない言葉数によって多くの内容を伝えなくてはならないため、一つ一つの単語は非常に重要である。不足した情報を補うために、日本語の曲では、作詞者も歌手も一つ一つの言葉を大切にする。作詞者は言葉を選び、歌手は強い情感を込めて歌う。その思いや情感が、たとえ日本語を理解できない海外の人々にも伝わったのだとすれば、歌謡曲が広く世界中の人々に受け入れられたことも頷けるのではないだろうか。

**注**

［1］音節（syllable）とは、「語の構成要素としての音の単位で、一つのまとまった音の感じを与えるもの。ふつう、核となる母音の前後に子音を伴う」（広辞苑より）。基本的に音節は母音ごとに区切られると考えれば理解しやすい。

［2］モーラは拍とも呼ばれる。

［3］詩仙堂は江戸時代初期に活躍した石川丈山という文人の山荘跡であるが、現在は曹洞宗の寺院でもあり、丈山寺と呼ばれている。日本庭園の美しいことで知られている。

［4］昭和の頃までは「黒の五所紋」と言われる紋が五つ入った紋付きを着るものと決まっていたが、現代ではカラフルな着物を着たり、柄の入った着物を着たりする落語家が増えた。

［5］桂歌丸はインタヴューの中で、「弟子に噺を教えることはできますが、間を教えることはできないんです。」と言っている。https://www.cpra.jp/library/plaza_interview/vol022.html

［6］「の」は連体修飾語（名詞や代名詞を修飾する語）で、動作や状態の主体などを表す助詞である。「の」によって結びつけられた二つの名詞の意味は多様である。例えば、内容を表す（例、バラの絵）、所属先を表す（研究室のパソコン）など。

［7］由紀さおりのアルバム『1969』（EMIミュージックジャパン）は、世界22ヵ国でリリースされ、2011年には全米 iTunes ジャズ・チャートでNo.1に輝いた。さらに世界各国で、チャートインを果たした。
［8］NHKクローズアップ現代から（2012.2.21放送）
［9］他の番組の中で、ある外国人は街頭インタヴューで、「日本語で話しているのを聞くと、まるで歌を歌っているように聞こえる」と話していた。
［10］音韻とは、ある言語の体系を形成する記号としての音のことを言う。例えば、AとBの二人が発した「イヌがいる」という言葉は声の高さなどが異なっているが、言葉の中核にある抽象的な音「イヌガイル」は同一で、等しい。この場合、音韻は等しい。
［11］例えば、飯田（2012）はこれまで音象徴語の言語普遍性と言語個別性について検討されてきた研究を概観したうえで、「音象徴語は言語と独立した共通の認識次元を持つ様な普遍的なものではなく、同一の音韻であっても異なる母語話者間ではその音韻について感じる印象には違いがあり、音象徴語の言語普遍的側面は同一の母語話者間でのみ共有される限定的なものである」と指摘している。
［12］メロディは民族、文化、風土、時代により与える影響も異なる。
［13］重野（2017）.
［14］重野（2017, 2018）.
［15］SD法（Semantic Differential method）とは、オズグッドにより考案された心理学的測定法の一つ。ある事柄に対して個人が抱く感情的なイメージや印象の意味の違いについて、対立する形容詞のそれぞれを両極とする評定尺度を用いて測定する。
［16］歌詞の意味がわかっていたかどうかのチェックのために訊いた。全員が日本語と英語を除いた他の言語についてはすべて知らないと答えた。

［17］Shigeno (2019).
［18］星野 (2002).
［19］Köhler (1947).
［20］秋岡 (2003).

# 索　引

# 文　献

## 第1章

芥川龍之介 (1916)「手巾」『現代日本文學大系43　芥川龍之介集』pp.28-32, 筑摩書房 1968.

バー, アマドゥ・ハンパテ／樋口裕一, 山口雅敏, 冨田高嗣（訳）(2002)『アフリカのいのち：大地と人間の記憶：あるプール人の自叙伝』新評論.

ベネディクト, ルース／長谷川松治（訳）(1967)『菊と刀 ── 日本文化の型』(現代教養文庫 A 501) 社会思想社.

Denes, P. B., & Pinson, E. N. (1963) *The speech chain: The physics and biology of spoken language*. Bell Telephone Laboratories.〔神山五郎・戸塚元吉訳 (1966)『話しことばの科学 ── その物理学と生物学』東京大学出版会.〕

土居健郎 (1971)『甘えの構造』講談社.

Ekman, P. (1968) Research findings on recognition and display of facial behavior in literate and nonliterate cultures. *Proceedings of the 76th Annual Convention of the American Psychological Association* (Vol. 3, p. 727).

Ekman, P. (1972) Universals and cultural differences in facial expressions of emotion. In J. Cole (Ed.), *Nebraska Symposium on Motivation*, 1971 (pp. 207-283). Lincoln: University of Nebraska Press.

Ekman, P. (1973) Cross-cultural studies of facial expression. In P. Ekman (Ed.), *Darwin and facial expression: A century of research in review*, pp.169-222, Academic Press.

Ekman, P. (1989) The argument and evidence about universals in facial expressions. In H. Wagner & A. Manstead (Eds.), *Handbook of social psychophysiology* (pp.143-164), Wiley.

Ekman, P., & Friesen, W. V. (1971) Constants across cultures in the face and emotion. *Journal of Personality and Social Psychology*, 17, 124–129.

Izard, C. E. (1971) *The face of emotion*. New York: Appleton-Century-Crofts.

木戸博・粕谷英樹 (2009)「音声が内包する話者の特徴情報の記憶（〈特集〉音声が伝達する感性領域の情報の諸相）」『音声研究』13(1), 4-16.

Liberman, A. M., Cooper, F. S., Shankweiler, D. S., & Studdert-Kennedy, M. (1967) Perception of the speech code. *Psychological Review* 74, 431-461.

Liberman, A. M., & Mattingly, I. G. (1985) The motor theory of speech perception revised.

*Cognition*, 21, 1-36.

Matsumoto, D. (1992) American-Japanese cultural differences in the recognition of universal facial expressions. *Journal of Cross-Cultural Psychology*, 23(1), 72-84.

マツモト, D.・工藤力 (1996)『日本人の感情世界――ミステリアスな文化の謎を解く』誠信書房.

Matsumoto, D., Wallbott, H. G., & Scherer, K. R. (1989) Emotions in intercultural communication. In M. K Asante, & W. B. Gudykunst (Eds.), *Handbook of international and intercultural communication* (pp. 225-246). Newbury Park, C.A.: Sage.

Murray, I. R., & Arnott, J. L. (1993) Toward the simulation of emotion in synthetic speech: A review of the literature on human vocal emotion. *The Journal of the Acoustical Society of America*, 93, 1097-1108.

中根千枝 (1967)『タテ社会の人間関係』講談社.

Russell, J. A. (1994) Is there universal recognition of emotion from facial expression? A review of the cross-cultural studies. *Psychological Bulletin*, 115(1), 102.

Wang, K., Hoosan, R., Lee, T. M. C., Meng, Y. F. J., & Yang, R. (2006) Perception of six basic emotional facial expressions by the Chinese. *Journal of Cross-Cultural Psychology,* 37(6), 623-629.

## 第2章

芥川龍之介(1920)「杜子春」『現代日本文學大系43　芥川龍之介集』pp.153-159, 筑摩書房 1968.

Barrett, L.F., Mesquita, B., & Gendron, M. (2011) Context in emotion perception. *Psychological Science*, 20(5), 286-290.

千葉浩彦 (1993)「感情の変容と表情」吉川左紀子・益谷真・中村真（編）『顔と心――顔の心理学入門』(pp.110-135) サイエンス社.

Dawes, R. M., & Kramer, E. (1966) A proximity analysis of vocally expressed emotion. *Perceptual and Motor Skills*, 22, 571-574.

Ekman, P., Davidson, R. J., & Friesen, W. V. (1990) The Duchenne smile: Emotional expression and brain physiology: II. *Journal of Personality and Social Psychology*, 58(2), 342.

Ekman, P., & Friesen, W. V. (1982) Felt, false, and miserable smiles. *Journal of Nonverbal Behavior*, 6(4), 238-252.

Ekman, P., Friesen, W. V., & Ellsworth, P. (1972) *Emotion in the human face: Guide-lines for research and an integration of findings*. Pergamon.

Ekman, P., Friesen, W. V., & Simons, R. C. (1985) Is the startle reaction an emotion? *Journal of Personality and Social Psychology*, 49(5), 1416-1426.
藤崎博也 (2005)「音声の音調的特徴のモデル化とその応用」文部省科学研究費特定領域研究「韻律に着目した音声言語情報処理の高度化」研究成果報告書.
Jack, R. E., Blais, C., Scheepers, C., Schyns, P. G., & Caldara, R. (2009) Cultural confusions show that facial expressions are not universal. *Current Biology*, 19(18), 1543-1548.
米谷淳・瀧上凱令 (1994)「日米のＴＶドラマを用いた表情識別実験」『神戸大学国際文化学部紀要　国際文化学研究』3, 29-54.
Murray, I. R., & Arnott, J. L. (1993) Toward the simulation of emotion in synthetic speech: A review of the literature on human vocal emotion. *The Journal of the Acoustical Society of America*, 93, 1097-1108.
Russell, J. A. (1980) A circumplex model of affect. *Journal of Personality and Social Psychology*, 39(6), 1161-1178.
Scherer, K. R. (1986) Vocal affect expression: A review and a model for future research. *Psychological Bulletin*, 99(2), 143.
Schlosberg, H. (1952) The description of facial expressions in terms of two dimensions. *Journal of Experimental Psychology*, 44, 229-237.
Schlosberg, H. (1954) Three dimensions of emotion. *Psychological Review*, 61, 81-88.
Shigeno, S. (1998) Cultural similarities and differences in the recognition of audio-visual speech stimuli. *Proceedings of International Congress on Spoken Language Processing*, Vol.2, pp.281-284, Sydney.
重野純 (1999)「音声の情動判断に及ぼす視覚情報の影響 —— 日本人とアメリカ人の比較」特定研究「心の発達」シンポジウム「認知発達における社会・文化的環境の役割」文部省科学研究費補助金特定領域研究（Ａ）「心の発達 —— 認知的成長の機構」平成10年度研究成果報告書 (pp.89-94).
重野純 (2004a)「音声と表情による感情の認知 —— 日米間の比較」『青山心理学研究』3, 1-8.
重野純 (2004b)「感情を表現した音声の認知と音響的性質」『心理学研究』74(6), 540-546.
宇津木成介 (1993)「音声による情動表出と非言語 的な弁別手がかり」異常行動研究会（編）『ノンバーバル行動の実験的研究』川島書店 (pp.201-217).

## 第3章

Asch, S. E. (1951) Effects of group pressure upon the modification and distortion of judgment. In H. Guetzkow (Ed.), *Groups, leadership, and men*. Carnegie Press, Pittsburgh.

Beaupré, M. G., & Hess, U. (2005) Cross-cultural emotion recognition among Canadian ethnic groups. *Journal of Cross-Cultural Psychology*, 36(3), 355-370.

De Gelder, B., & Vroomen, J. (2000) The perception of emotions by ear and by eye. *Cognition and Emotion*, 14, 289-311.

Ekman, P., Friesen, W. V., O'Sullivan, M., Chan, A., Diacoyanni-Tarlatzis, I., Heider, K., ... & Scherer, K. (1987) Universals and cultural differences in the judgments of facial expressions of emotion. *Journal of Personality and Social Psychology*, (53)4, 712.

Elfenbein, H. A., & Ambady, N. (2002) Is there an in-group advantage in emotion recognition? *Psychological Bulletin*. 128(2), 243-249.

Grossman, R. B., Edelson, L. R., & Tager-Flusberg, H. (2013) Production of emotional facial and vocal expressions during story retelling by children and adolescents with high-functioning autism. *Journal of Speech Language and Hearing Research*, 56, 1035-1044.

Li, A., & Dang, J. (2009) A cross-cultural investigation on emotion expression under vocal and facial conflict—also an observation on emotional McGurk effect. *International Symposium on Biomechanical and Physiological Modeling and Speech Science*, Kanazawa, I (pp.37-550).

前馬さゆり (2015)「青山学院大学2014年度卒業研究Ｉ」

中塚善次郎・清重友輝 (2008)「男性性・女性性と自立・依存」『美作大学紀要』(41), 33-38.

Shigeno, S. (1998) Cultural similarities and differences in the recognition of audio-visual speech stimuli. In *Proceedings of the International Conference on Spoken Language Processing* (Vol.2, pp.281-284). Sydney.

重野純 (2003)「米語話者が表現した感情音声の認知」『日本心理学会第67回大会発表論文集、認知』p.703.

重野純 (2004)「音声と表情による感情の認知 ── 日米間の比較」『青山心理学研究』3, 1-8.

Shigeno, S.（2009) Recognition of vocal and facial emotions: Comparison between Japanese and North Americans. In K. Izdebski (Ed.), *Emotions in the human voice*. Vol.III, Chap.11, pp.187-204. Plural Publishing.

Shigeno, S. (2010) Recognition of dissimulated emotion: Comparison between Japanese and

North Americans. *Bulletin of College of Education, Psychology and Human Studies*, 1, 243-267, Aoyama Gakuin University.

## 第4章

Abelin, Å. (2000) Cross-linguistic interpretation of emotional prosody. In *ISCA Workshop on Speech and Emotion* (pp.110-113). UK: Newcastle.

Abelin, Å. (2004) Cross-cultural multimodal interpretation of emotional expressions: An experimental study of Spanish and Swedish. In *Proceedings of Speech Prosody 2004*. (pp.647-650). Japan: Nara.

Barkhuysen, P., Krahmer, E., & Swerts, M. (2010) Crossmodal and incremental perception of audiovisual cues to emotional speech. *Language and Speech*, 53, 3-30.

Ekman, P., & Friesen, W. V. (1975) *Unmasking the face: A guide to recognizing emotions from facial clues*. Englewood Cliffs, NJ: Prentice-Hall.

Ekman, P., Friesen, W. V., O'Sullivan, M., Chan, A., Diacoyanni-Tarlatzis, I., Heider, K., ... & Scherer, K. (1987) Universals and cultural differences in the judgments of facial expressions of emotion. *Journal of Personality and Social Psychology*, (53)4, 712.

Gendron, M., Roberson, D., van der Vyver, N. M., & Barrett, L. F. (2014) Perceptions of emotion from facial expression are not culturally universal: Evidence from a remote culture. *Emotion*, 14(2), 251-262.

Hall, E. T. (1976) *Beyond culture*. New York: Doubleday.

Ishii, K., Reyes, J. A., & Kitayama, S. (2003) Spontaneous attention to word content versus emotional tone: Differences among three cultures. *Psychological Science*, 14, 39-46.

Jack, R. E., Garrod, O. G., Yu, H., Caldara, R., & Schyns, P. G. (2012) Facial expressions of emotion are not culturally universal. *Proceedings of the National Academy of Sciences*, 109(19), 7241-7244.

Kelley, C. M., & Lindsay, D. S. (1993) Remembering mistaken as knowing: Ease of generation as a basis for confidence in answers to general knowledge questions. *Journal of Memory and Language*, 32, 1-24.

Kitayama, S., & Ishii, K. (2002) Word and voice: Spontaneous attention to emotional utterances in two languages, *Cognition and Emotion*, 16(1), 29-59.

マツモト, D.・工藤力 (1996)『日本人の感情世界 —— ミステリアスな文化の謎を解く』誠信書房.

松尾太加志 (2006)「確信度が低い課題遂行時の確認行動方略の分類」『日本情報

ディレクトリ学会第10回全国大会』21-24.
Min, C. S., & Schirmer, A. (2011) Perceiving verbal and vocal emotions in a second language. *Cognition and Emotion*, 25, 1376-1392.
Murray, I. R., & Arnott, J. L. (1993) Toward the simulation of emotion in synthetic speech: A review of the literature on human vocal emotion. *The Journal of the Acoustical Society of America*, 93, 1097-1108.
Nygaard, L. C., & Queen, J. S. (2008) Communicating emotion: Linking affective prosody and word meaning. *Journal of Experimental Psychology: Human Perception & Performance*, 34, 1017-1030.
宮岡伯人 (2006)『今、世界のことばが危ない！──グローバル化と少数者の言語』(2005第19回「大学と科学」公開シンポジウム講演収録集) クバプロ.
Scherer, K. R. (1985) Vocal affect signaling: A comparative approach. In J. Rosenblatt, C. Beer, M. Busnel, & P. J. B. Slater (Eds.), *Advances in the study of behavior* (pp.189-244). New York, NY: Academic Press.
Scherer, K. R., Banse, R., & Wallbott, H. G. (2001) Emotion inferences from vocal expression correlate across languages and cultures. *Journal of Cross-Cultural Psychology*, 32(1), 76-92.
重野純 (2014)「感情音声の表出に及ぼす言葉の影響」『音声言語医学』55(3), 233-238.
Shigeno, S. (2018) The effects of the literal meaning of emotional phrases on the identification of vocal emotions. *Journal of Psycholinguistic Research*, 47(1), 195-213.

## 第5章

Brown Jr, W. S., Morris, R. J., Hollien, H., & Howell, E. (1991) Speaking fundamental frequency characteristics as a function of age and professional singing. *Jounal of Voice*, 5(4), 310-315.
Denes, P. B., & Pinson, E. N. (1963) *The speech chain: The physics and biology of spoken language*. Bell Telephone Laboratories.〔神山五郎・戸塚元吉訳 (1966)『話しことばの科学──その物理学と生物学』東京大学出版会.〕
Eriksson, E., Green, J., Sjöstrom, M., Sullivan, K. P., & Zetterholm, E. (2004) Perceived age: A distracter for voice disguise and speaker identification? In *Proceedings of FONETIK 2004* (pp.80-83).
Ganel, T. (2015) Smiling makes you look older. *Psychonomic Bulletin & Review*, 22(6),

1671-1677.
Gorham-Rowan, M. M., & Laures-Gore, J. (2006) Acoustic-perceptual correlates of voice quality in elderly men and women. *Journal of Communication Disorders*, 39(3), 171-184.
Hass, N., Weston, T. D., & Lim, Seung-Lark. (2016) Be happy not sad for your youth: The effect of emotional expression on age perception. *PloS one*, 1-13.
McGurk, H., & MacDonald, J. (1976) Hearing lips and seeing voices. *Nature*, 264, 746-748.
Moyse, E. (2014) Age estimation from faces and voices: A review. *Psychologica Belgica*, 54(3), 255-265.
Murray, I. R., & Arnott, J. L. (1993) Toward the simulation of emotion in synthetic speech: A review of the literature on human vocal emotion. *The Journal of the Acoustical Society of America*, 93, 1097-1108.
西尾正輝・新美成二 (2005)「加齢に伴う話声位の変化」『音声言語医学』46(2), 136-144.
Oberman, L. M., Winkielman, P., & Ramachandran, V. S. (2007) Face to face: Blocking facial mimicry can selectively impair recognition of emotional expressions. *Social Neuroscience*, 2(3-4), 167-178.
重野純 (1993)「音声言語の知覚における視聴覚情報の統合過程」鳥居修晃・立花政夫（編）『知覚の機序』培風館（第５章 pp. 90-109）
重野純 (2004)「感情を表現した音声の認知と音響的性質」『心理学研究』74(6), 540-546.
Shigeno, S. (2016) Speaking with a happy voice makes you sound younger. *International Journal of Psychological Studies*, 8(4), 71-76.
Shigeno, S. (2018) Effects of speaker's emotion on audiovisual age perception. *The AGU Journal of Psychology*, 17, 39-45.
Shigeno, S. (2019) Effects of audiovisual expression of emotion on age perception. *Proceedings of the 23rd International Congress on Acoustics*.
鈴木敦命 (2016)「感情認知の心理・神経基盤：現在の理論および臨床的示唆」『高次脳機能研究』36(2), 271-275.
Voelkle, M. C., Ebner, N. C., Lindenberger, U., & Riediger, M. (2012) Let me guess how old you are: Effects of age, gender, and facial expression on perceptions of age. *Psychology and Aging*, 27(2), 265-277.
Wang, Z., He, X., & Liu, F. (2015) Examining the effect of smile intensity on age

perceptions. *Psychological Report*, 117(1), 188-205.
Wicker, B., Keysers, C., Plailly, J., Royet, J. P., Gallese, V., & Rizzolatti, G. (2003) Both of us disgusted in My insula: the common neural basis of seeing and feeling disgust. *Neuron*, 40(3), 655-664.

## 第6章

秋岡陽 (2003)「自分の歌をさがす —— 西洋の音楽と日本の歌」フェリス女学院大学 Ferris Books.
星野悦子 (2002)「歌の聴取印象と再認記憶」『音楽情報科学』45.
飯田香織 (2012)「音象徴語をめぐる言語普遍と言語個別性」『ことばの科学』25, 21-36.
Köhler, W. (1947) *Gestalt psychology* (2nd ed.). New York: Liveright.
重野純 (2006)『聴覚・ことば』新曜社.
重野純 (2017)「曲中における歌詞の響き —— ディズニー『アナと雪の女王』の主題歌「ありのままで」に使用された13ヵ国語の比較」『青山心理学研究』16, 39-43.
重野純 (2018)「歌謡曲の印象に及ぼす歌詞の影響」日本心理学会第82回大会.
Shigeno, S. (2019) The role of lyrics in the impression of Japanese popular songs: Comparison between Japanese native and non-native speakers. *Abstract*, International Symposium on Performance Science.
新村出編 (1986)『広辞苑』岩波書店.

著者紹介

**重野　純**（しげの　すみ）
認知心理学者
東京都生まれ，東京大学文学部心理学科卒業，同大学院博士課程修了
現在，青山学院大学名誉教授，サウンドワールド研究所主宰
専門は、ことば・感情・音楽の認知心理学
主要著訳書に『心理学入門（改訂版）』（北樹出版，1990），『聴覚・ことば』（新曜社，2006），『言語とこころ』（編著，新曜社，2010），『音の世界の心理学（第2版）』（ナカニシヤ出版，2014），D. マクニール『心理言語学』（共訳，サイエンス社，1990），E. ビアリストク＆K. ハクタ『外国語はなぜなかなか身につかないか』（翻訳，新曜社，2000）など

**本心は顔より声に出る**
**感情表出と日本人**

初版第1刷発行　2020年10月15日

著　者　重野　純
発行者　塩浦　暲
発行所　株式会社　新曜社
101-0051　東京都千代田区神田神保町3－9
電話（03）3264-4973（代）・FAX（03）3239-2958
e-mail : info@shin-yo-sha.co.jp
URL : https://www.shin-yo-sha.co.jp

組　版　Katzen House
印　刷　星野精版印刷
製　本　積信堂


ISBN978-4-7885-1691-5 C1011